KB070557

작은 것들의 행복

지리산 인생의 네 번째 통신

나남
nanam

작은 것들의 행복

2019년 6월 1일 초판 발행

지은이   具榮會
발행자   趙相浩
본문사진   具榮會

발행처   (주) 나남
주소   10881 경기도 파주시 회동길 193
전화   (031) 955-4601 (代)
팩스   (031) 955-4555
등록   제 1-71호 (1979. 5. 12)
홈페이지   http://www.nanam.net
전자우편   post@nanam.net

ISBN   978-89-300-4005-1
            978-89-300-8655-4 (세트)

작은 것들의 행복

지리산 인생의 네 번째 통신

구영회 지음

나남
nanam

나를 깨우는 조용한 울림,
지리산으로의 초대

주철환 (아주대 문화콘텐츠학과 교수)

음악을 들으며 산책하는 그 시간이 나는 좋다. 걸을 수 있으니 행복하고, 귀가 들리니 행복하고, 오래전 친구들과 함께 불렀던 노래가 들리니 행복하다. 그 시절 추억들이 꿈틀꿈틀 되살아나니 행복이 확장된다.

이미 세상을 떠난 가수의 노래도 들린다. '아직 나는 살아 있구나' 느껴져 감사하다. 나에게 살면서 가장 행복했고 감사했던 순간이 언제였냐고 묻는 사람들은 재촉하지 않았으면 좋겠다. 그 질문은 걷기조차 힘들어질 때, 귀조차 잘 안 들릴 때, 음악조차 기억에서 가물거릴 때쯤 누워서 차분히 답해 줄 참이다.

산책 중에 카톡 알림음이 울려 잠시 걸음을 멈춘다. 확인해 보니 글자는 없고 지리산 푸른 나무와 고운 꽃들, 섬진강 반짝이는 물결이 반갑게 인사한다. 필경 영회 형의 선물이다. 형이 자연인, 자유인이 된 지 어느덧 10년째다.

마침 록밴드 산울림의 노래를 듣고 있었는데 산 그림이 도착하니 이 얼마나 절묘한가. 산울림은 1977년 1집 〈아니 벌써〉로 데뷔해 1997년 13집 〈무지개〉까지 13개의 정규 앨범을 냈다. 그중에서 12집 앨범에 실린 〈불안한 행복〉이란 노래에는 이런 가사가 나온다.

우리가 얼마나 멀리 떨어져
떨어져 있는가를 알기 위하여
신문을 보아야 한다

신문을 펼치니 행복은 없고 불안만 있다. 다툼은 극에 달하고 구호가 춤을 춘다. 한 귀퉁이에선 고개 숙인 아이돌 가수가 말한다. "나를 내려놓기가 두려웠어요."

6

그가 극단적인 상황까지 치달으면서도 내려놓지 못한 '나'는 누구일까. 또 돈과 인기, 권력과 욕망에 취하여 잃어버린 '나'는 누구일까. 형이 멀리 지리산에서 넌지시 답을 제시한다. "강물을 하염없이 바라보면 마침내 내가 보인다."

가끔 생각한다. 만약 형이 그때 방송사 사장이 되었다면 아마 '나'를 발견하는 소중한 행복은 누리지 못했겠지. 설마 이런 깨달음은 얻지 못했겠지.

지리산의 일몰은 찬란한 태양이 결국 석양의 다른 이름에 불과하다는 것을 되새기게 한다. 이렇게 지리산의 하루하루는 씻김과 정화를 되풀이한다. 무엇인가를 찾으려고 애쓰던 마음이 그냥 쉬면서, 내가 실컷 안심해도 별다른 탈이 없다는 것을 날마다 일깨운다.

이따금 형의 명상의 시간은 자연을 넘어 불쑥불쑥 우주로 향한다.

이른 새벽 형제봉에서 바라보는 동쪽 하늘이 어슴푸레 붉은빛으로 물들다 이윽고 눈부신 광채를 내뿜는 아침 해가 솟아오르는 순간, 그 빛과 에너지는 마음속 깊고 어두운 곳을 환하게 밝히며 고요한 침묵의 세계로 밀어 넣는다.

감히 노래채집가라 자부하는 나는 형의 글밭에서 '침묵의 소리'The Sound of Silence를 포착한다. 사이먼 앤 가펑클의 음성이 들리는 듯하다.

사람들은 울림 없는 말을 뱉고 People talking without speaking
건성으로 귀 기울이는 척한다 People hearing without listening

이제 악양루로 가 보자. 두보가 '악양루에 올라'登岳陽樓 노래한다.

융마관산북戎馬關山北
빙헌체사류憑軒涕泗流

고향 산 북녘은 아직 난리판이라
난간에 기대어 눈물만 흘리네

형을 품은 형제봉이 경상남도 하동군 화개면花開面과 악양면岳陽面의 경계에 있기에 떠오른 구절이다. 겸손한 형의 봉우리 옆에서 나도 온순한 아우처럼 오랫동안 서 있고 싶다.

BTS에게 '작은 것들을 위한 시'가 있다면 형에게는 '낮은 것들을 향한 지리산의 꿈'이 있다. 형은 사진을 찍지 않고 캔다. 내 주머니엔 형이 보내준 지리산이 수북하다. 섬진강 약초향도 물씬하다.

형이 산이 되고 산은 책이 되니 우리는 그 길을 조용히 산책하면 된다. 영혼의 지도Map of the Soul가 손 안에 있으니 즐겁게 내딛지 않을 수 있겠는가.

내가 놓인 지금과 여기에서
지리산에서 네 번째 이야기를 꺼내며

지리산은 온갖 욕심이 버려질 기회가 많은 곳이다. 한 인간이 원하고 바라는 바가 무엇이든, 그 껍질을 벗겨서 인간을 작동시키는 근원과 본질에 접속될 가능성이 풍부한 곳이다.

사람의 마음이 일으키는 내면적 충동과 갈등이, 알 수 없는 손길에 어루만져지면서 물결이 잔잔히 가라앉은 섬진강처럼 담백한 에너지로 전환되는 곳이다. 지리산에 오래 놓이면 저절로 그렇게 된다. 저 산과 강을 닮아가게 된다.

이른 새벽 형제봉에서 바라보는 동쪽 하늘이 어슴푸

레 붉은빛으로 물들다 이윽고 눈부신 광채를 내뿜는 아침 해가 솟아오르는 순간, 그 빛과 에너지는 마음속 깊고 어두운 곳을 환하게 밝히며 고요한 침묵의 세계로 밀어 넣는다. 생각과 언어가 불필요한 망연자실함에 사로잡힌다.

솟아오른 해가 밤새 잠들었던 섬진강을 깨워 은비늘 반짝이는 새 생명을 불어넣으면, 강물은 속도를 더욱 늦추며 멀지 않은 종착점 바다를 향해서 느릿느릿 꿈틀거린다. 그 강물을 하염없이 바라보면 마침내 내가 보인다.

서쪽 산 너머로 해가 가라앉으며 하루를 마무리하는 순간의 황홀한 고즈넉함은 내면의 분주했던 마음들을 정적과 평화로움으로 뒤바꾼다. 지리산의 일몰은 찬란한 태양이 결국 석양의 다른 이름에 불과하다는 것을 되새기게 한다.

이렇게 지리산의 하루하루는 씻김과 정화를 되풀이한다. 무엇인가를 찾으려고 애쓰던 마음이 그냥 쉬면서, 내가 실컷 안심해도 별다른 탈이 없다는 것을 날마다 일깨운다.

나에게 이곳 지리산은 '케렌시아'Querencia다. 머리보다 가슴으로, 그리고 욕망보다 내려놓음을 배우게 해주는 삶의 기초학습장이다. 사람이 자주 놓이는 장소와 시간들은 인생의 방향에 커다란 영향을 미친다. 당신이 가끔 일상에서 벗어나 어디론가 훌쩍 떠나서 홀로 쉬고 싶은 생각이 든다면, 그것은 당신의 마음이 당신에게 보내는 간절한 암시다.

만약 당신이 허겁지겁 분주한 삶에만 내몰리고 있다면, 당신에게 절실히 필요한 것은 '틈새'다. 틈새를 잃어버린 삶은 길을 잘못 찾아든 것이다. 정작 당신에게 요긴한 것은, 걸음을 재촉하는 일이 아니라 잠시 걸음을 멈추어 자기 자신과 마주하는 것이다.

나는 과거 30년 넘는 사회생활 기간 동안 줄곧 외길로 방송 분야에서 일했다. 그러나 지금은 은퇴라는 표현조차 빛바랬을 만큼 지리산 귀향 10년째다. 과거에 내가 곧잘 익숙했던 일은 방송이었다. 그러나 지금 내게 익숙한 일은 역설적으로 '별일이 없다'는 것이다.

당신의 삶이 바쁘고 분주하지만 잔잔한 행복감을 느낄 수 없다면, 당신 마음속 어딘가에 '고장'이 나고 '별일'이 생긴 것이다. 당신은 끝없는 의문과 회의를 거듭하다가 훗날 '별일 없음'이 기적과 같다는 사실을 깨닫는 날이 올 것이다.

자각은 삶이 준비해 놓은 '마지막 비상구'다. 그 비상구마저 놓친다면 삶은 그 수준에서 끝장이다. 당신은 당신의 삶을 어디까지 확장할 것인가? 그것은 당신 자신의 몫이자 선택이다.

괴로움은 뒤집히는 순간 잔잔함으로 바뀐다. 출렁이던 물결이 고요하게 잦아들어 삶에 반전이 일어나는 것이다. 당신의 본질은 물 그 자체이지 파도가 아니다. 삶에서 가장 소중한 것은 놀랍게도 언제나 바로 당신 눈앞에 아무것도 아닌 듯한 허름한 차림새로 수

두룩하게 널브러져 있다는 사실에 당신은 눈떠야 할 것이다.

　내가 지금 꽤 잘하는 일은 구들방 부뚜막 아궁이에 장작불 피우기, 지리산 이리저리 쏘다니기, 가끔 친숙한 인연들을 만나 이런저런 이야기 나누기, 책 읽기, 재래시장 어슬렁거리기, 도회지에 나가 영화 보기, 고즈넉한 풍경 속에 하염없이 놓이기, 서울에 있는 가족과 가까운 지인들에게 카톡으로 지리산 풍경사진 전송하기, 길고양이 먹이 내놓기, 단칸방 소품들 재배치하기, 첼로 음악 듣기, 단골 커피숍 바리스타와 수다 떨기, 암자에 스님 찾아가기, 전깃불 끄고 촛불 켠 뒤 서까래 천장 멀뚱멀뚱 바라보기, 콧바람 들면 거리에 아랑곳하지 않고 친한 벗 찾아가기, 마당 평상에서 햇볕 쪼이기, 그리고 내 마음속 '고독' 들여다보기다.
　이렇듯 나의 일상은 직업이나 생계를 꾸려가는 사람들 시각에서 본다면 매우 보잘것없는 것투성이다. 한

마디로 하루가 열리면 그냥 흘러가듯 하루를 살아갈 뿐이다. 하지만 이것은 산골백수의 태평가는 아니다.

나도 한때 아니 일평생 치열하게 살았다. 그런 끝에 사회생활을 마친 나는 나에게 남겨진 제 2의 인생을 오롯이 나 자신을 위해 나답게 살고 싶었다. 이른 새벽에 눈을 뜨면 내가 아직 살아서 숨 쉬고 있다는 그 자체에 감사하면서 그냥 그날 하루가 내게 펼쳐 주는 것들을 저항 없이 마주하며 지낸다.

옛 가르침에 이런 경종이 있다.

하늘을 보라!
어제 하늘과 오늘 하늘이 다르던가?
구름을 보지 말고 그 너머 하늘 말이다

장작불 활활 타오르는 아궁이 앞에 앉으면 지나간 기억의 부스러기들과 세상을 향한 존재감마저 연기가 되어 사라진다. 욕심과 욕망에서 비롯된 내면의 몸부림은 한낱 잿더미로 변할 뿐임을 잘 되새기게 되었다. 허

공임을 깨닫고 허공에 새긴 것들은 결코 상실되지 않는
다. 허공에 불을 붙이려는 교만함이 문제일 뿐이다.

　나는 양광모 시인의 시구절을 날마다 읊조린다.

　살아 있어 좋구나 오늘도 가슴이 뛴다
　가난이야 오랜 벗이요 슬픔이야 한때의 손님이라
　푸르른 날은 푸르게 살고 흐린 날은 힘껏 산다

　그리고 윤동주가 나를 날마다 어디론가 이끈다.

　나한테 주어진 길을 걸어가야겠다

2019년 음력 정월 벽두에
지리산 자락에서 두 손 모음

구 영 회

작은 것들의 행복

지리산 인생의 네 번째 통신

차
례

추천글   005
머리글   011

끼니   023
겨울 선풍기   027
그 가을 낙엽   033
내 안의 연속성 039
고추장   045
자발적 투명인간으로 051
국밥 한 그릇에   057
수선집 그 아재   062

19

지혜라는 것 068

첫 매화 터지다 074

내 굴뚝 연기 078

함께했던 세월도 지나고 083

삶의 경제학 089

내가 나를 믿는 나이 094

대보름 홍두깨 099

백면서생의 변신 105

부재가 일깨우는 소중함 112

뒤뜰 물고랑 121

700km의 문병 126

집터를 이겨낸 기운 133

홍매와 물까치 140

새에 관한 오해와 진실 145

큰 평화 작은 평화 | 151

미세먼지와 매화꽃 | 156

지리산 초대 | 162

평택으로 간 여수 청어 | 168

산수유 북카페 | 175

외로움 정면돌파 | 181

박물관에서 | 188

조르주 페렉의 힌트 | 196

부산 번개 | 204

꽃들은 다시 피었다 | 213

최고의 모습 | 220

지은이 소개 | 229

끼 니

오늘 아침 요기는 뭘 먹을까. 이웃마을 산동에 가서 따끈한 온천물에 몸을 담근 뒤에 근처 식당에 가서 떡국을 먹을까. 꿩떡국으로 먹을까, 아니면 닭떡국으로 할까. 두부집이 나으려나. 얼큰 순두부? 맑은 순두부?

구들방 아랫목에 드러누운 채 따스한 게으름에 젖은 몸뚱이보다 머릿속이 이리저리 메뉴 선택을 저울질하느라 난데없이 소란하게 굴러간다. 그런데 밖에 나가려면 요렇게 따뜻한 이부자리에서 일어나 주섬주섬 옷 입어야지, 세수라도 해야지, 자동차 몰고 한참 가야지, 그거 참 거저 되는 일 없구먼….

겨울 찬바람이 처마 밑에 얼기설기 달아 놓은 플라스

틱 비막이를 덜컹 삐거덕 요란하게 건드린다. 오늘도 추운가 보네. 에라, 모르겠다. 그냥 집에 콕 박혀 있자. 외출은 포기하더라도 뭔가 먹긴 먹어야겠지. 하지만 내가 뭐 할 줄 아는 게 있어야지.

오늘도 만만한 건 양파와 달걀 뒤범벅 요리겠지. 아쉬우면 고구마 한 개 더 삶아 보든가. 후배한테서 얻어온 물김치도 있었지. 옳지 그거면 됐다. 후식으로 사과 깎아먹고 아메리카노 한잔이면 완전 풀코스네. 산자락에서 홀로 지내는 주제에 더 바랄 게 뭐 있나. 첼로야! 오늘도 잔잔하게 한 곡 부탁한다. CD 플레이어야! 아침마다 수고하지. 고마워.

말 그대로 등 따시고 대충 아점으로 두 끼를 한꺼번에 때웠으니 됐구나. 오늘은 뭐하지? 맞다! 통나무 장작 팰 때 똑바로 세워 놓을 지지대를 대문 옆 황토더미 위에 얹어 놓기로 했지. 근데 무엇으로 지지대를 삼을까? 옳지! 낡아서 바람 빠진 작은 타이어가 안성맞춤이겠군.

친절한 후배가 그라인더로 갈아 준 도끼날도 통나무 장작 만나기를 학수고대했겠지. 장작 모서리를 꼬나보다가 내려치니 쩍 소리를 내며 틈을 크게 벌린다. 나도 장작 패는 실력이 늘었군. 어이쿠! 이번 장작은 도끼날을 앙다문 입에 꽉 물고는 놔주질 않네. 어디 누가 이기나 보자.

도끼날에 들러붙은 통나무까지 낑낑 들어 올려 바닥에 몇 번 패대기를 치니 마침내 두 쪽으로 갈라진다. 하나, 둘, 셋, 넷 …. 모두 여덟 토막이면 오늘 땔감으로 충분하겠다.

아궁이 입구 쇠마개를 제치고 불을 지핀다. 이제 장작불 명상시간이다.

겨울 선풍기

하로동선夏爐冬扇이라. 여름 화로와 겨울 부채라는 뜻으로 제철에 안 맞는 쓸데없는 사물이나 상황을 일컫는 고사성어다. 이 옛말이 틀렸다는 것을 입증하는 뚜렷한 일이 바로 내 앞에서 날마다 벌어진다. 다름 아닌 장작불을 피울 때다.

내가 지내는 산자락 마을엔 겨울이 퍽 일찍 찾아오고 꽤나 늦게 물러가는 편이다. 사람들이 가을이라 부르는 10월부터 봄이라 부르는 4월까지 무려 7개월 동안 이곳에선 아침저녁으로 기온이 뚝 떨어지는 탓에, 사실상 1년의 절반 이상이 겨울이나 마찬가지다.

심지어 겨울이 아닌 계절에도 비바람이 불어닥치면

매우 쌀쌀하고 으스스하다. 기름이나 전기를 쓰지 않는 재래식 구들방은 날씨가 추운 날엔 장작을 때어 온기를 불어넣지 않으면 매우 차가운 냉골이 되기 십상이다. 그러다 보니 여름에조차 습기도 제거할 겸 장작불을 피우는 경우가 적지 않다.

내가 살아가는 환경이 이러하기에, 구들방과 아궁이와 장작불은 거의 1년 내내 나의 일상이 될 수밖에 없다. 과거에 대부분의 사람들이 가난했던 시절, 연탄이 창고 가득 쌓였으면 왠지 든든하고 연탄이 떨어지면 어쩐지 걱정이 앞섰던 것과 마찬가지로, 나는 장작이 많이 쌓였으면 괜히 배부른 것 같고 장작이 얼마 남지 않은 걸 보면 무척 신경 쓰인다.

그래서 작년 가을 참나무 땔감을 한 트럭 가득 주문해서 부뚜막 근처를 비롯해 집안 여기저기에 더미더미 쌓아놓고 날마다 몇 개씩 쪼개어 쓰는 재미가 요즘 쏠쏠하다. 장작을 후려 패고 아궁이에 한가득 넣어 불이 활활 피어오르면 그 앞에 쪼그려 앉아 무심코 장작불을 바라보는 이 모든 과정이 나에게는 매우 소중하고 감사하다.

　장작불 잘 타는 걸 지켜보다가 구들방 안으로 들어와 조용히 앉아 있으면, 그날 할 일을 다 마친 듯한 뿌듯한 심정이 되어 마음이 무척 평온해진다. 나는, 구들방 뜨시게 잘 덥혀지고 나의 길벗 자동차 기름탱크에 연료가 적당히 채워져 있으면, 그 이상 바랄 게 없다. 산골에서 홀로 지내는 처지에 이만하면 충분히 족하다. 나에게 내려진 복이다.

글 첫머리 하로동선 이야기로 돌아가자. 겨울 부채가 쓸모없다는 말은 완전히 틀렸다. 지리산 귀향 10년 만에 장작불 달인이 된 나도 맨 처음엔 불 피우는 일에 무척 서툴렀다. 손목이 아프도록 부채질을 하곤 했다. 겨울에도 부채는 정말 요긴한 물건이었다. 부채가 없으면 장작불을 피울 재간이 없었다.

그런데, 일취월장이란 말이 나를 두고 한 말일까. 부채 부치는 일이 성가시던 어느 날, 기막힌 아이디어가 떠올랐다. 앞서 여름에 서울의 어느 책방에 들렀는데 한구석에서 손잡이가 달린 휴대용 꼬마선풍기를 파는 것이 눈에 들어와 다가가 만지작거리다가, 불쑥 부채 생각이 났고 부채 대신에 바로 이 선풍기를 사용하면 매우 편하고 좋을 것 같다는 궁리가 떠오르면서 옳거니 쾌재를 불렀다.

그 휴대용 선풍기가 장작불 부채질에 엄청난 혁명을 가져올 줄이야! 조그맣고 앙증맞은 꼬마선풍기를 아궁이 입구에 들이대자, 장작불이 순식간에 매섭게 아궁이 속을 휩싸더니 활활 신나게 춤을 추었다.

그 후 몇 년째 이 휴대용 자동부채는 겨울이면 나의 훌륭한 조수이자 효자 노릇을 하고 있다. 이제는 장작불을 지피는 일을 3분 내지 5분이면 어김없이 간단히 마치니 요샛말로 '가성비 짱'이다. 더욱 금상첨화인 것은 이 꼬마선풍기가 건전지를 쓰지 않는 충전식이라는 점이다.

　그 선풍기를 만든 기업이 혹시라도 내 글을 읽으면 아마도 무척 반길 것 같다. 선풍기란 물건이 여름용 상품이지만, 나처럼 장작불 때는 사람한테는 겨울 선풍기도 유용하기 그지없으니 사계절 상품으로 내놓아도 손색이 없을 듯하다. 나는 선풍기 회사하고는 아무런 관련이 없다.

　아무튼 하로동선의 의미가 뒤바뀌는 사례가 지리산에 버젓이 있다.

그 가을 낙엽

평소에 주로 지리산에 머물다 가끔 상당히 먼 곳으로 갈 때가 있다. 이곳 지리산에서 경상북도 문경 희양산 그 암자까지는 가는 거리만 300km에 왕복 600km다.

30년 넘게 오래된 과거에 지리산 뱀사골 산장에서 처음 인연을 맺었던 내 인생의 각별한 분이 몇 해 전부터 그 암자에 머물고 계시기 때문이다. 전국 사찰 중에서도 성철 스님이 용맹정진勇猛精進했던 수행풍토를 이어받아 지금도 100명 안팎의 참선수행승들이 몰려드는 이 절에서, 그 스님은 웃어른 대접을 받는 큰스님이시다.

이분의 법명은 연관然觀이다. 자기 생각을 갖다붙이지 않고 모든 것을 '있는 그대로 바라본다'는 뜻이다.

나의 지리산 거처 작은 구들방에는 이분이 내게 특별히 선물한 의미 있는 물건이 여러 개 있다.

그의 스승이셨던 김천 직지사 관응당 대선사가 제자인 연관 스님을 유독 아끼어 내주셨다는, 어느 노승의 앉아 있는 모습을 놀랍고 섬뜩하도록 잘 묘사한 나무 조각상이 지금 내가 이 글을 쓰고 있는 책상 바로 옆에서 하얀 이를 드러내며 웃고 있다.

연관 스님은 몇 해 전 경상도로 떠날 때 책 몇 권 빼고는 유일한 소장품이던 이 목각상을 나에게 선뜻 건네주고 가셨다. 이 목각상은 오래전 스님이 머물렀던 실상사 옆 암자가 스님 출타 중에 난데없이 벼락을 맞아 완전히 불탔을 때도, 희한하게 온통 검게 그을리기만 하고 불에 타지 않은 채 그대로 남아 있더라는 기묘한 일화를 스님은 내게 직접 전해주었다.

구들방엔 이 목각 이외에도 달마도와 선시를 적은 부채 액자가 있다. 그리고 또 하나의 소중한 선물이 있는데 스님이 선방에서 참선할 때 엉덩이에 받치던 땀 배고 때 묻은 엉덩이 모양의 받침방석이 그것이다.

　나는 스님이 이 방석을 깔고 앉아 좌선을 하면서 겪었을 무수한 내면 경험들을 헤아리면서 거의 날마다 이 방석에 앉아 책을 읽는다. 그러다가 방석이 몸에 느껴지면 책 앞에 앉아 있는 나를 스스로 물끄러미 바라볼 때가 있다.

작년 가을 스님이 겨울수행인 동안거冬安居에 들어가기 직전에 다시 스님을 찾아갔다. 일단 안거수행이 시작되면 석 달 동안은 만나기 어려운 터라, 그냥 한번 뵈러 간 것이다. 산속 암자에도 가을이 깊어가고 있었다.

　암자에 단 둘이 앉아 차를 마시면서 스님과 이런저런 이야기를 주고받는 순간이었다. 갑자기 스님이 내 뒤쪽 바깥 풍경을 바라보다가, 큰 소리로 '아아!' 하며 외마디 감탄사를 터뜨렸다. 나는 깜짝 놀라 뒤를 돌아보았다.

내 입에서도 덩달아 '아아!' 소리가 터져 나왔다. 그 순간 내 눈에는 샛노란 은행잎들이 숲속 오솔길 위에 무수한 색종이 날리듯 허공을 가득 덮으며 내려앉아 수북이 쌓이는 광경이 들어왔다.

스님과 나는 둘 다 한참 동안 아무 말 없이 낙엽 지는 산사의 깊은 가을 풍경에 빠져들었다. 그 순간들 틈새로 참으로 무상한 어떤 느낌이 내 가슴 깊은 곳을 파고들어 찡하게 스쳐갔다. 이런 순간에 언어가 무슨 소용 있을까. 때론 침묵이 인간의 모든 언어를 망라해 놓은 사전보다 더 깊고 방대하다.

실제로 산골에서 홀로 지내는 나로서는, 바깥에 나가 누구를 상대하기 전에는 중얼중얼 혼잣말 몇 마디를 제외하면 대부분 침묵 속에 놓인다. 다만 머릿속이 가끔 시끄러울 뿐이다. 산자락 거처에서 대문을 나서지 않고 박혀 있을 때에는 음식을 먹는 경우를 빼면 입과 혀를 사용할 일이 거의 없어진다.

    그 가을 산사의 낙엽 지던 풍경은 지금도 여전히 생
생하다. 명동백작 박인환 시인의 〈세월이 가면〉이라
는 무척 아름다우면서도 처절한 노랫말이 떠오른다.

    그 벤치 위에 나뭇잎은 떨어지고
    나뭇잎은 흙이 되고 나뭇잎에 덮여서
    우리들 사랑이 사라진다 해도
    내 서늘한 가슴에 있네 …

    내 가슴속에는 가수 박인희가 애절하게 떨리는 목소
리로 부른 그 노래와 그 가을 산사의 낙엽이 알 수 없는
작동으로 버무려져서, 때로는 단단한 화석처럼 때로는
뜨거운 용암처럼 나의 성분으로 느껴진다.

내 안의 연속성

내가 지내는 이곳에선 꽤 먼 거리이지만, 가끔 어린 시절의 나를 만나러 일부러 찾아가는 곳이 있다. 광주광역시 서석동이다. 나는 이 동네에서 유년 시절을 보냈고 초등학교 5학년 때까지 살았다.

나의 기억 창고에서 가장 오래된 몇 가지 단편들이 무려 60년이 훌쩍 지난 지금까지도 이 동네와 더불어 선명한 흑백사진처럼 뚜렷이 남아 있다.

대여섯 살쯤이었을 것이다. 한여름 무더위가 푹푹 찌던 어느 대낮에 시원한 소낙비가 흠뻑 쏟아졌다. 나는 그저 신이 나서 맨발에 팬티 한 장만 걸친 채로 벌거숭이가 되어 그때는 비포장이던 집 앞 골목길을 다른 개구쟁이 몇 녀석들과 함께 미친 듯이 펄쩍펄쩍 마구 뛰어다녔다.

우리 모습을 본 동네 어른들이 눈이 휘둥그레져서 꾸지람하는 것에 반항하듯이 나는 더 신나게 더 보란 듯이 일부러 웅덩이 물 고인 데를 골라서 발바닥으로 빗물 진흙탕을 힘껏 철퍼덕철퍼덕 튀겼던 장면이 떠오른다.

그때 뛰놀았던 그 골목길 건너편에는 여름이면 나를 유혹하며 나의 부러움을 샀던 '아이스케키' 파는 집이 있었다. 그 당시에는 굳이 돈을 내지 않아도 집안의 고물이나 쇳조각 폐품 같은 것들을 갖다주면, 케키를 여러 개 내주기도 했다.

이것을 어떻게 기억하냐면, 내가 케키를 너무 먹고 싶어서 멀쩡한 고무신이나 연장 같은 아직 쓸모 있는 물건들을 죄다 챙겨서 갖다주고는 케키를 채반 한가득 받아다가 집 뒤쪽 후미진 곳에서 다른 형제들 몰래 입이 얼도록 실컷 먹다가 들키는 바람에 형들과 어머니한테 혼쭐이 났기 때문이다.

그리고 지금도 내 머리통에는 머리카락이 나지 않는 오래된 흉터가 하나 있는데, 그 시절 우리 집 맞은편에 살던 또래 녀석과 맹랑한 돌 던지기 싸움을 하다가 마침내 내 머리가 찢어지는 장렬한 부상을 입은 덕분이다.

어릴 적 사내아이란 대부분 호들갑스럽기 마련이지만, 나 또한 뒤질세라 이런저런 작은 말썽들을 심심치 않게 피웠던 모양이다.

이런 유년기의 내가 떠오를 때면, 나는 이제 70이 다 된 나이에 바로 그 아이를 만나러 서슴지 않고 광주 서석동까지 내달린다. 강산이 무려 여섯 번이나 바뀌는 세월이 지났건만, 서석동 그 골목길들을 혼자 이리저리 어슬렁거리면 왠지 마음이 푸근해지면서 나름의 깊은 감회에 젖어들곤 한다.

그곳을 종종 찾다 보니, 이제는 그곳에 맛이 아주 기막힌 빵집이 있다는 것과 멸치국수 맛이 쏠쏠한 분식

집이 큰 교회 주차장 건너편에 있다는 것, 그리고 주차할 곳이 마땅치 않은 방문객이 손쉽게 그것도 무료로 주차할 수 있는 널찍한 교회 마당이 있다는 것도 알게 되었다.

그리고 무엇보다 내가 다녔던 초등학교가 바로 이곳에 100년이 넘도록 그 자리에 그대로 있다. 학교 정문에는 당차고 녹록지 않은 느낌을 주는 교호가 새겨져 있다. '세계에서 제일가는 서석 어린이!' 대단한 글로벌 안목이다.

가끔 이곳에 놓일 때마다, 나는 마치 참선 화두 같은 생각 하나에 사로잡힌다. 까마득한 그 시절의 어린 나와 이제 노년에 접어든 나는 도대체 무슨 상관성이 있는 것일까?

60년 전에도 나는 있었고 몸뚱이만 변했을 뿐 60년 뒤인 지금도 나는 여전히 있다. 여기에는 반드시 어떤 연속성이 있음에 틀림없다. 이것은 나에 관한 수수께끼이자 세월과 상관없이 나의 존재를 관통하는 부인하기 어려운 질문이다.

초저녁에 불을 켠 그 촛불과 새벽이 되도록 여전히 타고 있는 이 촛불은 같은 촛불일까 다른 촛불일까?

당신 안에도 그런 연속성을 가진 그 무엇이 분명히 있을 것이다. 그 연속성을 가진 존재가 바로 당신과 나의 본래면목 아닐까.

고추장

떡볶이를 즐겨 먹는 아내가 서울 집에 들른 나에게 고추
장을 아껴 먹는다고 했다. 시골집 이웃 할머니한테서 챙
겨다 준 그 감칠맛 돋우는 고추장이 거의 떨어져간다고.

나는 다음번에 서울 갈 때 입소문 난 순창고추장을 직
접 구해 선물하기로 마음먹었다. 내가 지내는 곳에서
순창까지는 고속도로를 타고 약 40km를 달려야 하는 꽤
먼 거리다. 하지만 지리산 일대를 툭하면 누비고 다니
는 나에게 거리는 문제 될 게 없었다.

아내와 가족을 즐겁게 하는 시골 먹거리를 자주 상납
해온 나로서는 기꺼운 볼일이 생긴 셈이었다. 나는 순
창고추장 구하러 가는 일을 그날 하루의 중심축으로 삼

아 괜스레 다른 소일거리까지 덧붙이는 심심풀이 나들이를 궁리했다.

마침 잘됐다. 내친김에 아예 멀리 90km 떨어진 광주 송정역시장에 먼저 가서 내가 좋아하는 과일양갱과 메밀호두를 일단 챙긴 뒤 돌아오는 길에 순창땅에 들르기로 했다.

나는 마음을 먹었고 자동차는 그 마음 따라 달렸다. 나 홀로 오가는 소풍길이어서 바삐 쫓길 일 없이 모든 궁리는 찬찬히 그리고 매끄럽게 진행되었다. 이윽고 정작 순창땅에 들어섰건만, 그 유명한 순창 대표 먹거리 고추장을 과연 어디에 가서 구해야 할지, 그것도 고추장 감별 잘하는 아내의 입맛을 사로잡을 만한 것으로 잘 챙겨야 한다는 생각이 문득 들자 막상 난감해졌다.

일단 재래시장에 차를 멈췄다. 하지만 순댓국밥집은 쉽게 눈에 띄어도 고추장 가게는 좀처럼 보이지 않았다. 순창 재래시장에 고추장 가게가 없다니, 의외로 난감해졌다. 더욱이 장날도 아닌 데다 날씨마저 추워서

길거리에 행인도 뜸했다.

　나는 몸을 움츠린 채 두리번거렸다. 그때 저쪽 길 건너편에서 내가 있는 쪽으로 나이 든 아주머니가 종종걸음으로 다가오는 모습이 눈에 들어왔다. 순간 머릿속에 번쩍 생각이 스쳤다.

　‘옳지! 저 아주머니한테 물어보면 틀림없이 괜찮은 고추장 가게를 알게 될 거야!’

　나는 기대에 부풀어 말을 건네 붙였다. 옳거니! 아주머니는 시골 노인네답게 정겹게 내 말을 받더니, 멀리서 왔다는 얘기에 예상보다 훨씬 친절하게 자기가 아는 가게를 가르쳐 주었다.

　“조금 떨어진 곳에 민속마을이 있는디 거기에 고추장 가게들이 즐비하지만 그중에도 내가 아는 그 집 고추장 맛이 아주 좋지요. 상호를 일러줄 테니 가 보시오.”

친절함은 거기서 끝이 아니었다. 한걸음 더 나아가 나를 포근히 감동시켰다. 그 가게 주인아저씨한테 웅식이 엄마가 소개했다고 얘기하면 잘해 주리라고 덧붙이더니 냅다 그 가게로 전화를 걸어 당부의 말을 곁들였다.

"잠시 후 내가 아는 양반이 고추장을 사러 갈 테니 잘 부탁해요."

나는 졸지에 '웅식이 엄마의 아는 양반'이 되어 그 가게를 찾았다.

'아아! 또 한 차례의 감동이!'

추운 날씨에도 주인아저씨가 미리 가게 앞에 나와 나를 기다리고 있었다. 차에서 내리는 나에게 대뜸 웅식이 엄마가 보낸 양반이냐고 물었다. 나는 그렇다고 너스레를 떨었다.

"내가 고추장 장사를 30년 했는디 다른 집들보다 못하지는 않을 거요!"

빙그레 미소 지으며 내뱉는 아저씨의 말투에는 자부
심과 겸손함이 묻어났다. 나는 가장 큰 병에 담긴 고추
장을 사겠다고 했다. 아저씨는 웅식이 엄마가 소개했으
니 특별히 만 원을 깎아 주겠다고 했다.

　　다시 산자락의 내가 지내는 마을로 돌아오는 길에 나
는 세 가지 이유로 겹겹이 흐뭇함에 젖었다. 그 첫 번
째는 단연코 웅식이 엄마의 친절함 덕분이었다. 그 아
주머니의 친절함은 아무런 토를 달지 않은 순수한 상냥
함 그 자체였다. 그다음은 웅식이 엄마의 너그러운 성
품과 궤를 같이하는 가게아저씨의 흔쾌함 덕분이었다.

　　그리고 마지막으로 이 모든 이야기의 자초지종을 듣
고 앞으로 떡볶이를 맛있게 만들어 먹을 아내의 환한
얼굴에 대한 연상이 나를 흐뭇하게 했다.

　　좋은 마음씨는 퍼지고 번지면서 선순환의 고리를 만
들어낸다. 구들방 아랫목에 앉아 천천히 오물거린 그
날 저녁의 양갱과 호두는 순창고추장에 얹혀 더욱 기분
좋은 주전부리가 되었다.

자발적 투명인간으로

나는 휴대폰에서 그동안 살아오면서 이런저런 관계와 필요성에 따라 저장한 전화번호 목록을 훑어보다가, 대략 1,000명 가까운 상당히 많은 사람들의 연락처가 고스란히 쌓여 있음을 알게 되었다.

이 정도 분량이면 잘나가는 정치인이나 수완 좋고 발 넓은 영업직에 버금가는 수준이 아닐까 하는 생각이 들어 절로 웃음이 나왔다. 꽤 열심히 대단한 사회성을 가지고 매우 오지랖 넓게 살아온 흔적일 수도 있다.

하지만 다른 각도에서 바라보니, 사회생활을 벗어난 지 10년이나 된 지금, 이 많은 인연의 상대들 중에서 과연 몇 사람이 내게 여전히 의미를 가질까 하는 생각이 들면서, 자못 진지하게 나 자신과 나의 인간관계를 되돌아보는 거울이 되었다.

우선 나로서는 전화번호가 적힌 그 상대방을 얼마나 마음 깊이 또는 얕게 심어 놓았을까 성찰해 보았다. 동시에 과연 상대방 마음속에 내가 얼마나 진하게 또는 엷게 채색됐을까 하는 일종의 관계점검에 맞닥뜨렸다.

물론 누구나 자기를 중심점으로 삼아서 마치 동심원을 그려나가듯 친소관계의 다양한 스펙트럼이 형성되어 있을 것이다. 내가 없다면 세상도 없는 것이기에 자기가 기준점이 되어 판단할 수밖에 없을 것이다.

나랑 떼려야 뗄 수 없는 천륜으로 맺어진 부모형제와 가족들은 맨 첫 번째 동심원을 그릴 것이다. 가까운 친구들 내지는 나이를 떠나 속마음을 털어놓을 수 있는 친숙한 인연들은 두 번째 동심원이 될 것이다.

알고는 지내지만 가슴끼리의 소통까지는 미치지 못하고 어느 정도 익숙한 사람들은 제3의 동심원이 될 것이다. 알고는 있는데 직접 대면할 일이 거의 없고 스치

듯 단편적 기억으로만 남아 있는 사람들은 제 4의 동심원에 해당할 것이다. 나와 이렇다 할 인연도 없었고 모르는 상대방은 맨 끄트머리 동심원에 들어갈 것이다.

내 휴대폰에 입력된 제 4 동심원까지의 상당히 많은 사람들 중에서, 내 마음이 내키어 보고 싶거나 연락을 취하며 지내고 싶은 사람은 과연 몇일까 스스로 짚어 보니, 그 엄청난 목록의 대부분이 사실상 거의 빠져나가고 얼마 남지 않음을 깨달았다.

내 나이 70을 바라보면서 석양에 놓인 처지에, 더구나 스스로 도시를 떠나 지리산 자락에서 홀로 지내는 삶의 방식을 선택하였으니 당연하다는 생각이 든다. 그렇다고 내가 나서서 '나 여기 있소'라고 외치며 다가가야 할 필요성도 느껴지지 않는다.

이른바 '존재감'이란 내가 아닌 다른 사람들과의 관계에서 만들어지는 것일까, 아니면 나 스스로 내 존재가치를 받아들일 때 자연스럽게 드러나는 것일까? 이 자기 질문은 내게 육중하다. 둘 중 어느 한쪽 답을 분명히 취해야만 내 삶의 '방향'이 그에 따라 갈피를 잡을 것이기 때문이다.

이제 인생사의 거의 웬만한 것들을 두루 겪어 본 지금의 나에게 대답은 스스로 명백하다. 나의 자문자답을 대신해 줄 옛 성자의 가르침이 있다는 것을 되새긴다.

"무소의 뿔처럼 혼자서 가라."

그 누구도 그 무엇도 나의 삶을 대신해 줄 수 없다. 내가 나 자신을 똑바로 세워 스스로 지탱해야 할 뿐이다. 이것은 관계나 세상이 모조리 필요 없다는 뜻이 아니다. 나는 세상 속에 여전히 놓여 있되 길은 내 발로 내가 걸어가야만 어딘가에 도착한다는 의미다.

세상이 말하는 지도책은 나를 내가 원하는 목적지에 데려다 주지 않는다. 아무리 맑고 깨끗한 샘물이라도 내 발로 찾아가 내 목구멍으로 넘겨야 그 물맛을 알 수 있지 않을까.

사색의 결말 끝에 실마리를 찾은 나는, 내 바깥과의 관계를 추구하는 부질없는 일을 그만둘 때가 되었다는 각성이 일어났다. 곰곰 헤아려 보면, 나의 내면이 고요해지고 평화로워지는 순간들은 바깥을 두리번거리며 내 바깥에서 무엇인가를 찾아보려고 애쓸 때보다, 그것을 그만두고 나 자신을 마주할 때에 선물처럼 찾아온다는 것을 나는 부뚜막 장작불 앞에서 날마다 경험한다.

옛사람이 남겨 준 시구절이 생각난다.

봄이 왔다는 얘기를 듣고 온종일 집 바깥에 나가
봄꽃을 찾아봐도 보이지 않더니, 집에 돌아온 순간
내 집 울타리에 봄꽃 한 송이 활짝 피어 있더라

나는 세상의 투명인간이 되더라도 상관없다. 나는 지금 여기에 버젓이 있다.

국밥 한 그릇에

어떤 괜찮은 생각이 앞뒤 맥락 없이 불쑥 솟구쳐 그 생각대로 한 일의 결과가 만족스러울 때, 기분이 썩 좋아진다.

점심때가 훨씬 지난 늦은 오후 약간 출출함을 느끼던 차에, 그 생각은 비록 내 마음 안에서 일어난 것인데도 마치 누가 선물한 것처럼 썩 괜찮은 아이디어로 여겨지자, 나는 곧바로 실행에 착수했다.

국밥 한 그릇 먹자고 왕복 80km에 고속도로 이용료가 3,800원이나 되는 꽤 떨어진 순천땅 아랫장터 그 국밥집으로 향했다. 마침 "가는 날이 장날"이라고 시장은 사람들로 북적거리며 혼자 국밥 한 그릇 챙기러 달려온 나를 심심치 않게 해주었다.

나는 평소에 특별한 볼일이 없어도 전통 재래시장을 이곳저곳 찾아다니면서 그냥 서민들 살아가는 모습들 속에 섞이기를 좋아하는 편이다. 하지만 이날은 내가 지내는 이곳 구례를 마다하고 왜 순천까지 간 것인지 나도 연유는 잘 모르겠다.

과거에 한두 차례 맛보았던 칼칼하고 정갈한 국물에 육질 부드러운 돼지고기의 맛깔스러움이 내 감각세포에 긍정적으로 입력되어 있었기 때문일까. 아무튼 발걸음이 그 맛집으로 홀린 듯 옮겨졌다.

약간의 시장기도 있었지만, 음식 별로 밝히는 일 없고 입맛도 짧은 편인 나를 그 국밥은 역시 배반하지 않았다. 요즘말로 '혼밥'이었지만 동행이 없어도 국밥은 내 입맛을 만족스럽게 사로잡았다.

먹다가 문득 여러 해 전에 서울의 옛 직장후배가 출장길에 순천을 지난다면서 운전기사와 둘이 가볍고 소탈하게 요기할 만한 맛집 하나 소개해 달라는 전화를 해서 바로 이 집을 소개해 주었던 기억이 떠올랐다. 그

때 그 후배도 식사 후에 정말 맛있게 먹어 고맙다는 카톡 메시지를 보냈었다.

아무튼 모처럼 타지로 나가 큰돈 안 들이고 영양보충 제대로 한 것 같은 만족감에 기분이 좋아졌다. 가끔 괜찮은 궁리를 해내는 나 자신을 자화자찬하면서 ….

물론 8,000원짜리 국밥 한 그릇 먹자고 왕복 80㎞ 기름값에다 왔다갔다 1시간 20분가량을 손수 운전하는 수고에 고속도로 사용료 3,800원까지 들이는 것은, 경제적으로는 "배보다 배꼽이 더 크다"는 계산이 나올지 모른다. 그러나 자기 만족감은 돈으로 환산할 수 없으니 그냥 잘한 일이라는 생각이 들었다.

국밥 한 그릇의 그 시작과 여운을 합친 모든 과정은 내가 또 하루를 살아가는 하나의 이벤트다. 내가 나를 스스로 호강시켜 주지 않으면 누가 대신해 주랴. 이렇듯 남한테 폐 끼치는 일 없이 스스로를 잘 챙긴 것에 만족

할 줄 아는 나 자신이 대견하다. 사람 많이 다듬어졌다는 자기평가를 내려도 무방하리라.

돌아와 다시 구들방 이불 밑에 손을 넣어 보니 아까 외출 전에 장작불 피워 놓은 온기가 따끈하게 전해진다. 밖을 내다보니 어느새 어둑어둑 땅거미가 내려앉는다. 오늘 하루는 또 이렇게 저물어간다.

나는 시간을 벗어나 사는 것일까, 아니면 시간 위에 놓여 시간에 나를 내맡기며 살고 있는 것일까. 그 어느 쪽이든 내일 아침 해가 뜨면 또 이렇게 저렇게 하루를 살아야겠지. 나에게 남은 다른 방도는 없다. 왜 사냐고 누가 묻는다면 그냥 산다고 할 수밖에 ⋯.

연두색 예쁘디예쁜 조막만 한 산새가 보금자리로 돌아가기 전에 구들방 앞 화단에 심어 놓은 키 작은 매화나무 가지에 푸르릉 날아들어 그 밑에 내다 버린 사과 껍질로 하루의 마지막 배를 채우는 광경이 눈에 들어온다.

이름 모를 새야! 내일 또 만나자. 매화는 이제 한 달 안에 꽃을 피우려나. 사방이 고요한 산자락의 저녁이다.

수선집 그 아재

'사람이 몸과 뇌에 익힌 솜씨가 저렇게도 기막히게 발휘되다니 ….'

나는 읍내 옷수선집 그 아재한테 홀딱 반했다. 요즘 젊은이들 쓰는 표현으로 '브로맨스'는 아니다. 그 아저씨의 손놀림과 순식간에 작업을 끝내는 재간을 눈이 휘둥그레져 볼 때마다 감탄이 절로 나온다는 이야기다.

산마을에 홀로 사는 주제에 옷차림새가 변변할 리 없다. 입고 다니는 옷이라고 해봤자 그냥 춥지 않을 만큼 어제 입었던 옷 다시 걸치고 다니는 영락없는 시골 노인네 차림이다. 굳이 남한테 잘 보여야 할 일도 없으니 차림새 또한 내 멋대로 입는 편이다.

그래도 서울에서 큰 방송국 물 좀 먹었다고 모자는 털모자와 벙거지 등 몇 개를 두고서 거의 날마다 빼먹지 않고 쓰고 다닌다. 거울 앞에서 이것저것 써 본 끝에 그날 기분에 따라 모자 하나로 전날과 다른 차림새 악센트를 연출한다. 누가 들여다본다면 웃을 테지만 그냥 내 멋인데 뭘 ….

과거에 입었던 양복들이야 거의 입을 일이 없는 처지라서 서울 본가 장롱 속에 깊이 처박힌 지 꽤 오래다. 세월이 흘러 체형이 달라지다 보니 가끔 입고 싶어도 몸에 들어맞지 않는 경우가 있다. 이때 새 옷 구입보다 비용도 훨씬 덜 들고 취향에 익숙한 옷을 다시 재활용해 입을 수 있는 검소한 방법이 바로 옷수선이다.

이런 연고로 읍내에 수선할 옷을 들고 나갔다가 시장 골목에서 우연히 발견한 집이 바로 내가 이야기를 꺼낸 그 아저씨가 일하는 가게다. 아저씨를 처음 대했을 때는 말수가 적고 퉁명한 듯 무뚝뚝한 단답형 대화만 오갔다.

하지만 대박 행운을 만난 일이 될 줄이야! 나는 서울의 경험에 비추어 일단 옷수선을 맡기면 그 다음날이나 아니면 며칠 뒤 지정해 주는 날짜에 찾아가는 것이려니 생각했다. 그런데 세탁소를 겸업하는 아저씨의 대답은 천만 뜻밖이었다.

"혹시 담배 피우세요?"

옷수선 맡기려는 사람한테 갑자기 무슨 질문인가? 나는 엉겁결에 자주 피운다고 대답했다.

"그러면 밖에서 담배 한 대만 피우고 오세요. 옷은 그 사이에 고쳐 놓을 테니 바로 가져가시면 돼요."

"아, 예에!"

나는 미심쩍었지만 금방 된다니 반가운 마음에 밖에 나가 사람 통행이 거의 없어 보이는 좁은 샛골목에 서서 담배 한 대를 피우고 잠시 후 돌아왔다. 그런데 놀랍게도 벌써 작업은 마무리 단계였다. 수선된 옷은 곧바로 나한테 건네졌다. 마지막 친절한 다림질까지 마쳐서.

더욱이 수선비용은 내가 예상했던 것보다 훨씬 저렴

했다. 지갑에서 천 원짜리 몇 장 꺼내어 해결 났다. 나도 모르게 입꼬리가 올라가며 만족감에 젖었다.

"아이구! 정말 손이 빠르시네요! 내가 그동안 옷수선을 맡긴 곳 중에 가장 최단시간에 볼일을 봤네요. 정말 감사합니다!"

나는 공치사가 아니라 정말로 고맙고 탄복해서 인사말을 덧붙였다.

그 이후로 읍내 그 옷수선집은 내가 단골로 찾아가는 집이 되었고, 그 솜씨 뛰어난 아저씨와 나는 친숙한 대화를 나누는 사이가 되었다.

어느 날 내가 물었다.

"옷 다루는 솜씨가 보통이 아니신데, 처음부터 시골에서 쭉 일했던 건 아니지요? 그 정도 솜씨와 속도면 과거에 서울이나 도시에서 일하셨을 것 같은데요."

아저씨는 빙그레 웃더니 내가 전혀 모르던 이야기를 털어놓았다. 젊었을 때 우리나라에서 가장 큰 어느 의류업체에서 일했노라고, 그런데 나이가 들어 고향살이

가 그립고 편해서 돌아왔다는 것이다. 내가 대꾸했다.

"그러면 그렇지! 이렇게 솜씨 뛰어난 양반이 시골에만 박혀 살았을 리 없다는 생각이 들었거든요. 아저씨가 고향에 내려오시는 바람에 서울은 훌륭한 재단사를 한 명 잃은 셈이지만 반대로 고향은 재주꾼을 한 명 얻은 셈 아닙니까. 이렇게 고향땅에서 좋은 솜씨도 발휘하고 벌이도 꾸려가니 멋진 본보기 같습니다."

이후로 그 감탄스러운 사나이는 나를 보면 반가워했다. 어디 사느냐 묻고, 혼자 지내면 먹는 것은 괜찮냐고 관심을 표했다. 시골에서 혼자 살면서 옷은 뭣 하러 고쳐 입느냐고 가끔 핀잔 섞인 농담까지 건넸다.

실력 좋고 자부심도 강하고 그렇다고 수고비 몇 푼 더 받으려고 욕심내지 않는 이 멋진 사나이를 나는 당신에게 소개하고 싶었다.

살면서 자기가 맡은 소임을 깔끔하고 믿음직스럽게 해내는 사람을 만나면, 보는 사람도 즐겁고 마음이 간다. 이 사나이에게 복 많이 내리길 ….

지혜라는 것

지리산 산골마을에서 나는 어떤 자세로 살고 있는가? 한마디로 말하자면 그냥 물 흐르는 대로 산다. 달리 물살 거슬러 살아 보았자 스스로 힘들 뿐이다. 적응이라기보다 순응이다.

규모가 상당히 큰 서울의 어느 지상파 방송사에서 사장급 CEO의 자리에까지 올라가 보았던 나의 스펙과 사회적 명함이, 지금 부뚜막 아궁이 앞에서 장작불 피우는 일에 무슨 소용이 있단 말인가. 장작불은 바람만 필요하다. 휴대용 선풍기 앞에서 춤출 뿐 사람을 따로 가리는 법이 없다.

여기 당신 앞에 세 사람이 있다. 한 사람은 앞길 창창한
올해 스물 갓 넘은 젊은 국악인 '송소희'다. 또 한 사람은
자그마치 100살을 훌쩍 가볍게 넘어 무려 108살에 이른
인도 출신 영국 이민자 '파우자 싱' 할아버지다. 나머지
한 사람은 내가 지내는 마을의 80대 이웃 할머니다.

나이에 상관없이 이 세 사람한테는 눈여겨볼 훌륭한
공통점이 있다. 이들은 모두 자신의 처지와 삶에 몸부
림치지 않고, 자신의 존재방식으로부터 도망가지 않고
그냥 있는 자리에서 물 흐르듯 살면서 내면의 그릇을
묵묵히 확장시켜온 사람들이다.

한창 푸른 나이의 '송소희'가 이미 10대 소녀 시절에
겪은 내면갈등과 자기극복 과정은, 듣는 이로 하여금
숙연한 마음을 들게 하며 한 인간의 '각성'이라는 것이
나이에 관계없이 불쑥 일어나 인생의 결정적 방향타가
된다는 사실을 일깨운다.

소녀 송소희는 16살 무렵 자신의 지나친 소심함과 앞날에 대한 불안감을 떨쳐내기 무척 힘들었다. 소희는 어느 날 혼자 여행길에 나서 폐선된 철길을 그냥 하염없이 걷다가 한 동네 할아버지를 맞닥뜨린다.

소희의 골똘한 모습을 지켜본 할아버지는 그 소녀가 뭔가 번민에 사로잡혀 있음을 알아차리고는, 훗날 소희의 인생을 바꾸어 놓게 되는 짧은 위로 한마디를 건넨다.

"네가 놓인 곳에서 달아나려 하지 말고 그냥 있는 그대로 받아들이면서 너 자신을 키워 봐라."

그 후 송소희의 내면은 크게 달라졌다. 국악인의 길을 걷고 있었지만, 힙합 콘서트까지 찾아다니면서 음악에 대한 포용력을 키웠다. 그랬더니 우리 국악의 특장이 더욱 뚜렷이 느껴졌고, 국악에 대한 자부심과 사랑을 더욱 깊어졌다고 한다.

지금의 송소희에게 우리가 받는 감동이 예사롭지 않은 것은 그녀의 기교가 뛰어나서라기보다 그 안에서

뿜어내는 기운의 밑바탕이 '각성과 지혜가 쌓인 내공'
이라는 걸 그녀의 고백을 통해 알게 되었기 때문이다.

'파우자 싱' 노인은 인도에서 한평생 평범한 농부로 살
다가, 아내를 먼저 떠나보낸 뒤 외로움을 달래려고 영
국으로 건너갔다. 그는 80살이 넘은 어느 날 문득 '그
냥 달리고 싶다'는 충동에 동네 주변을 끈기 있게 달리
던 끝에, 89살에 런던 마라톤 풀코스를 완주했다. 이
어 92살에 토론토 마라톤 대회를, 드디어 100살 때는
홍콩 마라톤 대회를 성공리에 마쳤다.

   이 놀라운 인간이 세상 사람들을 향해 던진 한마디는
오히려 잔잔하고 담백하다.

   "바꿀 수 없는 것에 매달리지 말고 주어진 것에 감사
하라."

어느 여름날 마을 느티나무 그늘 아래서 또래 노인들과 막걸리를 마시던 그 이웃 할머니가, 지나가던 나를 불러 앉히더니 이런저런 얘기 끝에 한마디를 툭 던졌다.

"어이, 내가 왜놈들 일정日政 때 태어나 갖은 고생 다하고 6·25 전쟁까지 겪으면서 요렇게 아직꺼정 살아봤는디 살아봉게 인생 별것 없드마. 그냥 날마다 감사함시롱 즐겁게 사이좋게 살면 그만이여! 딴것 없어!"

흐르는 대로 살아간다는 것, 세상에서 가장 어려운 일 같기도 하다. 일단 빈 배가 되어 흐름에 잘 놓이기 시작하면 그다음은 하늘이 알아서 어디론가 태워다 주는 게 인생일까?

내가 지내는 산자락 마을 길가에 봄, 여름, 가을, 겨울 아랑곳하지 않고 묵묵히 우뚝 서 있는 300년, 500년 묵은 고목古木들은 겨우 80년짜리 인생들을 수없이 내려다보면서 아직도 푸르다.

첫 매화 터지다

`

아! 한겨울에 꽃이 피어난 광경을 보는 것은 참으로 감
탄할 축복이다! 정월 대보름을 엿새 앞둔 오늘 나는 그
축복을 누렸다. 생명감이 전혀 느껴지지 않던 앙상한
가지에서 어쩌면 이리 아름답고 연약한 꽃이 피어날까.

해마다 보는 것인데도 매화의 첫 개화를 맞닥뜨릴 때
마다 참으로 신기하고 신비롭다는 느낌이 솟아난다. 정
말 대단하다! 전혀 눈길을 끌지 못했던 메마른 나뭇가지
의 딱딱한 표피를 도대체 어떤 힘으로 비집고 저 꽃이 저
렇게 여리고 곱디고운 얼굴을 내미는 것일까.

마침내 꽃망울이 터지기 시작했으니 오랫동안 기다려
온 봄 손님이 이제 겨울 지리산에 살며시 찾아온 것이다.

그 반가움이 마음속에 피워내는 그윽함과 아련함이란 이루 말로 표현하기엔 부족하다.

오늘 점심 나들이를 하다가 두 군데에서 마침내 매화 꽃이 망울을 터뜨린 모습을 발견했다. 바로 내 집 마당 화단과 섬진강변 화개골을 지나는 길이다.

얼마 전 지인에게 놀러갔다가 그 집 다실 안에서 난롯불의 훈훈한 온기를 머금은 매화가 불쑥 고개를 내민 것은 보았다. 하지만 이렇게 찬바람에 노출된 대지 위에서 인고의 겨울을 겪은 야생매화가 끝내 천지운행의 변화를 암시하듯 활짝 피어나는 순간을 보는 것은 또 다른 감동을 안겨 준다. 이런 시간이 다시 나한테 선물로 주어지다니 깊이 감사할 일이다.

더구나 이제 그 시작을 알렸으니 앞으로 빗방울에 햇빛이 눈부시게 튕기는 날씨를 틈타 저마다 순식간에 온 천지 사방에 봄꽃이 숨 막히게 가득할 것이다. 그날을 미리 떠올리면 설레는 가슴에 슬슬 바람구멍이 커져 갈 터이다.

피어나는 매화는 단지 꽃만을 선사하는 게 아니다. 되돌아보면 매화꽃 피었을 때 함께했던 정다운 얼굴들이 주마등처럼 스친다. 오래전에 떠나시어 이젠 내 구들방 황토벽 액자 속에서 미소 짓고 계신 아버지와 어머니 그리고 가족과 친구들과 숱한 지인들이 줄지어 떠오른다.

그 얼굴들은 매화 송이송이마다에 매달려 저마다 모든 인생사가 그저 한순간이었음을 내게 일깨워 준다. 꽃이 피었다고 어쩌란 말이냐. 또 한세월 지나는 일인 것을.

다시 아궁이 앞에 앉아 아무것도 가진 게 없고 아무것도 가질 게 없는 나 자신을 마주한다.

내 굴뚝 연기

살다가 내가 남의 집 아궁이와 굴뚝의 찰떡궁합을 은근히 질투하면서 열등감을 느낄 줄 몰랐다. 친하게 지내는 스님의 암자에 갔다가, 스님이 장작불을 지필 때 놀라운 장면을 목격한 것이다.

'아니 연기가 저렇게나 쏙쏙 아궁이 속으로 한 점 남김없이 말끔히 잘 빨려들어 가다니 … .'

스님은 연기를 손으로 휘저어 물리치거나 콜록거리는 일이 전혀 없이, 태연자약하고 느긋하게 아궁이 앞에 앉아 있었다.

아쉬운 사람 눈에는 남의 것이 더 좋아 보인다더니, 장작불 피울 때마다 연기와 괴로운 실랑이를 벌이는 나의 눈동자는 커질 수밖에 없었다.

"아니, 스님 아궁이에선 연기가 한 점도 바깥으로 안 나오네요? 스님네 굴뚝 환풍기는 정말 작동이 잘되나 보군요! 난 장작 땔 때마다 부뚜막이 온통 연기에 휩싸여 괴로운데 ···."

"네? 굴뚝으로 연기가 빠지는 건 당연한 일 아닌가요? 그러면 구 선생님네는 그렇지 않다는 건가요? 그 집 아궁이에선 연기가 안쪽으로 빨려들어 가질 않고 바깥쪽으로 많이 새어 나온다는 말입니까? 그러면 문제가 있는 거죠. 선생님네 굴뚝에도 환풍기는 달려 있죠? 아마 거기가 막혔나 보네요."

난 풀죽은 고개를 끄덕이며 할 말이 없어져 씁쓸한 입맛만 다셨다. 얼마 전 꽤 돈을 들여서 인부를 불러 부뚜막과 아궁이를 손보기는 했다. 그때 아예 굴뚝정비까지 잘할 걸 하는 아쉬움이 일어났다.

더구나 나는 나무가 불타니 응당 연기가 새어 나오는 것이려니 하며 아둔하기 짝이 없는 생각에 갇혀 있었다.

그 바람에, 결과적으로 자욱한 연기 속에 갇히게 되었
다는 자책감까지 들자 스스로 머리를 한 대 쥐어박고 싶
어졌다. 시골살이를 꽤 오래 했는데도 여전히 엉성하고
헛똑똑이 같다.

"아니 땐 굴뚝에 연기 날까."

너무나 익숙한 속담이 나를 아프게 찔렀다. 어리석
게도 굴뚝을 제대로 살피지 못했으니 연기가 제대로 빠
져나가지 못하는 건 자업자득 같았다.

내 거처에 돌아와 어두컴컴한 부뚜막 천장에 달린 전
깃불을 켜고서, 아궁이 옆에 세워진 굴뚝을 한참 바라
보다가 구들방 안에 들어와 메모지에 적었다.

'굴뚝 손볼 것.'

마침 서울에 올라가야 하니 며칠 후 다시 내려오는
대로 곧장 굴뚝정비부터 해야겠다고 마음먹었다. 또
몇 푼 잡아먹게 생겼지만 비용은 문제가 아닐 것이다.
내 굴뚝에서 연기만 잘 빠져 준다면야 그것처럼 속 후
련한 일이 있을까.

혼잣말 중얼거리다가 문득 자각 하나가 내 마음을 쿡 하며 건드렸다.

'스님 암자 아궁이에서는 연기가 말끔한데 내 집 아궁이에서는 연기가 자욱하다. 내 마음속 자욱한 연기도 말끔히 걷혀야겠지.'

후배가 챙겨 준 호박죽 덕분에 아침을 잘 먹었으니 이제 마당에 길고양이와 산새들이 요기할 먹거리를 내다 놓고 서울 갈 채비를 해야겠다. 어제 매화 터진 걸 봤으니 오늘 상경길은 고속도로 말고 시골길로 가 보고 싶다.

함께했던 세월도 지나고

오랜 세월 함께했지만, 지금은 각자 흩어진 채로 살아가는 인생들이 뜻하지 않게 맞닥뜨리는 곳이 있다. 결혼식장이다.

대학선배이자 직장선배로 별명이 욕쟁이인 그 형님한테서 청첩장이 왔다. 그의 아들 결혼식이었다. 젊은 시절부터 약 30년간 함께 일했던 양반인 데다 입은 걸쭉해도 호쾌하고 인정 많은 추억의 선배였기에, 나는 먼 길 마다 않고 지리산에서 달려가 서울 결혼식에 참석했다.

이런저런 인연 깊은 사람들이 하객으로 모여드는 곳이 결혼식장인지라 오늘도 또 누군가 아는 사람들을 만날 테지 하면서 예식장 엘리베이터 앞에 섰다. 문이 열리더니 아니나 다를까 후배 A와 B가 벌써 눈도장을 찍고 서둘러 나선 듯 쏟아져 나오는 사람들 틈에 보였다.

그들은 나를 알아채지 못하고 지나쳤지만 나도 아는 체하지 않았다. 내가 그들을 불러 세우면 형식적인 인사치레를 나누다가 서로 볼일만 지체될 뿐이란 걸 잘 알기 때문이었다.

그때 내 등 뒤에서 익숙한 목소리가 들렸다. 선배 C와 D였다. 우리는 같은 엘리베이터에 올라탈 참이었다. 같은 시간 비좁은 같은 공간에서 맞닥뜨렸으니 이번엔 내가 반갑게 인사를 건넸다. 두 선배도 깜짝 놀라며 반색했다.

엘리베이터가 7층까지 올라가는 동안 우리 셋은 짧게 서로 근황과 안부를 주고받았다. 과거에 프랑스 특파원을 지냈던 선배 C는 잘 지내시느냐는 나의 안부인사에 예전 그답게 대답했다.

"꼼므 다뷔띠드!"Comme d'habitude.

그러더니 자기가 내뱉은 말을 이번엔 영어로 통역까지 했다.

"에즈 유주얼!"As usual.

그냥 그만그만하게 평소대로 잘 지낸다는 뜻이었을 것이다. 그 짧은 순간에도 그에게서 뭔가 항상 멋스럽게 자기를 포장하는 매끄러운 거품이 느껴졌다. 나는 말없이 빙그레 웃었다.

또 한 명 선배 D 역시 예전 그답게 간결하게 한마디 던졌다.

"요즘도 지리산에 계속 있나?"

내 대답도 간결했다.

"네, 갈수록 점점 더 …."

퍽 오랜만에 마주친 우리 세 사람 사이의 다소 어색하고 짧았던 대화는 7층 예식장에 엘리베이터가 멈추면서 끝났다. 혼주와 신랑에게 축하인사를 하고, 축의금을 내고, 이미 와 있던 지인들과 또 인사를 나누는 각자의 상황으로 쪼개졌다.

결혼식이 시작하려면 아직 시간 여유가 있었지만, 나는 곧장 그 자리를 빠져나왔다. 더 머물러 봤자 오랜만에 마주치는 여러 사람들과 형식적인 인사치레를 하고 별 내용 없는 수다를 떨게 될 상황이 불 보듯 뻔해서 그냥 서둘러 자리를 뜬 것이었다.

밖으로 나와 길을 걸어가며 잠시 생각에 잠겼다. 과거에 직장에서 무려 30년 넘는 세월을 한솥밥 먹으며 함께 지냈던 인생길의 큰 인연들을 다시 만났다. 하지만 세월이 흐른 지금 이렇게 우연히 맞닥뜨리는 것 외에 특별한 교류가 이어지지 않는 저 인생들은 지리산에 머무는 나와 별다른 연관성이 없다. 이런 깨달음에 이르자 왠지 삶의 무상함과 무심함이 뭉뚱그려진 서늘한 감정이 스쳤다.

과거는 지나갔고 나는 그냥 지금이라는 좌표에 놓여 살고 있을 뿐이다. 저 인생들이 지금의 나에게 별로 얽

혀 있는 게 없듯이, 나 또한 그들에게 깊은 관심의 대상
이 될 리 없을 것이다. 회자정리會者定離라고 만났던 끄트
머리에선 다시 헤어질 수밖에 없는 이치인 것을 … .

그러고 보면 인생길에서 만남의 의미란 함께했던 그
때 그 순간이 절정이자 마지막일 것이다. 과거는 붙잡
거나 되돌릴 수 없는 저 너머로 사라졌고, 현재는 오로
지 지금 이 순간 속에서만 확인될 뿐이다.

내가 다시 산자락 구들방에 놓인 오늘은 절기상 우
수雨水다. 신통하게도 우수인 오늘 새벽부터 꽤 굵은 빗
줄기가 오전 내내 산천을 적셨다. 저 빗물이 대지에 스
며들면 겨우내 얼었던 땅이 녹으면서 이제 다음 절기
경칩이 닥칠 것이다. 24절기가 쉼 없이 순환하면서 삶
의 모든 현재들을 과거로 만들고 있다.

비가 그친 모양이다. 산비둘기 울음소리가 들린다.
아침에 아궁이에 넣었던 장작이 잿더미가 된 덕분에 구
들방 방바닥이 이젠 따스하다.

삶의 경제학

서울에 볼일 있어 올라간 참이었는데 마침 일요일 하루가 별일 없이 비었다. 모처럼 지리산에서 서울까지 동선이 이어졌는데 그냥 집에 처박혀 하루를 보내기엔 아깝다고 생각하다가, 문득 강원도 속초의 친구들이 떠올랐다.

길 쏘다니는 일에 이골이 밴 나로서는 속초는 당일치기 하루나들이에 이미 만만한 곳이었다. 지금도 이따금 서울 볼일의 틈새가 주어질 때 그냥 굳이 아무도 만나지 않더라도 설악산 척산 온천에 혼자 몸 담그러 가기도 한다. 그런 마당에, 나를 반겨줄 친구들이 나의 번개 제안에 기꺼이 어서 오라 하니 즐거운 소풍객이 되어 길을 나섰다.

속초에 도착하기 약간 전에 휴게소에서 나는 잠시 후에 만날 3명의 친구 녀석들한테 새삼스럽게 아니 생뚱맞게 카톡 편지를 미리 띄웠다. 세 친구를 만나면 하고 싶은 말을 굳이 면전에서 꺼내기보다 카톡 편지를 보내는 게 어쩐지 더 나을 성싶어서였다. 그 편지의 내용은 이러하다.

구영회의 삶의 경제학

서울과 속초를 왕복하는 300km에 기름값 4만 원, 고속도로 이용료 약 2만 5,000원, 커피값 5,000원, 이렇게 다 합쳐서 7만 원쯤 든다. 그러나 너희 세 사람은 각자 67년 된 소중한 인간박물관이니 너희를 만나는 가치는 돈으로 환산 불가능하고 무한대다. 따라서 오가는 데 드는 비용은 큰 의미가 없다는 걸 알 수 있다. 그래도 나처럼 일부러 먼 길 찾아오는 사람은 흔치 않으니 잘 영접하거라.

잠시 후 나는 친구들로부터 유명 맛집에서 점심을 배불리 잘 얻어먹었다. 식사 후 우리는 올드보이들을 위해 레코드판 음악을 틀어 주는 그 카페로 자리를 옮겼다. 거기서 우리 네 사람은 각각의 인생 67년 곱하기 4, 모두 합쳐 268년 묵은 박물관의 소장품들을 이것저것 꺼내어 놓고 긴 시간 진지한 이야기를 나누었다.

어떤 친구는 추억담을, 다른 친구는 자기의 아픔을, 그리고 또 한 명의 친구는 우정 어린 조언을 이야기했다. 나도 이런저런 이야기를 하다가 짐짓 한마디를 덧붙였다.

"인생 즐겁게! 사이좋게!"

한참 시간이 흘러 작별할 때가 되었다. 두 친구는 볼일 있어 먼저 간다고 했고, 나머지 한 친구가 나를 더 붙들었다. 온 김에 아예 저녁까지 해결하고 가라고 했다. 해가 저물었지만 나는 흔쾌히 응했다. 우리 둘은 이번에는 바다가 눈앞에 펼쳐진 식당카페로 갔다.

창밖에 보이는 바다는 이미 어둡고 캄캄했다. 가끔 파도의 하얀 거품이 군데군데 눈길을 끌다가 이내 사라졌다. 거기서 우리 두 사람은 서로 오래전부터 공유해온 마음공부에 대해 이야기를 나누며 깊은 속내를 서로에게 펼쳐보였다.

어느새 밤 8시가 다 되어가고 있었다. 지금 길을 나서도 서울에 자정 무렵 도착할 판이었다. 나는 친구를 집에 내려 준 뒤 북양양 IC로 진입해 고속도로에 들어섰다. 터널들은 끝없는 듯 길었고 자주 나타났다.

그 길 위에서 나는 또 달리고 있었다. 아! 인생길은 길이 맞긴 맞다! 끊임없이 이렇게 지나가고 달릴 뿐이다. 아무리 헤아려 보아도 이런 생각이 든다. 생계는 경제학이다. 그러나 삶은 경제학이 아니라 철학이다.

내가 나를 믿는 나이

올해 100살이 되어서도 여전히 건강하고 검소한 생활을 하면서 많은 사람들에게 바람직한 인생에 관한 이야기를 들려주는 우리의 정신적 스승 김형석 교수가, 나이에 대해 자주 언급하는데 그 가운데 바로 나한테 커다란 위안이 되고 지침이 될 만한 대목이 있다.

60살쯤 되면 철이 들고 내가 나를 믿게 된다. 75살까지는 점점 성장하는 것도 가능하고, 이후로도 노력 여하에 따라 본인의 성취를 유지할 수 있다. … 인생에서 가장 행복한 때가 언제였느냐고 친구들과 이야기해 보니, 60살에서 75살이라는 데 의견이 일치했다.

나는 올해 67살이다. 김형석 교수가 말하는 인생 최고 행복과 성취가 가능한 나이에 해당한다. 그러니까 이 나이에 내가 행복하지 않다면 나는 불행한 셈이다. 그리고 이 나이에 내가 나 스스로를 믿지 못한다면 나는 아직도 헤매고 있는 셈이다.

천만 다행스럽게도 되돌아보면 내 인생은 김형석 선생이 말씀한 기준에 그럭저럭 들어맞게 살아온 것 같다는 생각이 든다. 참으로 감사한 일이다. 더구나 세상은 나 혼자만의 능력과 의지로 살아지는 게 아니다. 온갖 인연들이 '연생연멸緣生緣滅'하는 가운데 살아가는 것인 만큼 나 스스로 내 인생이 그런대로 괜찮은 편이라고 자평할 수 있다면 더 이상 바랄 게 있을까.

나는 서울에서 나와 같은 하늘 아래 있었던 수많은 사람들로부터 자발적으로 혼자 떨어져 나와 이곳 지리산에서 자기만족을 느끼며 살아가고 있다. 그러니 스스로 행복하지 않으면 정말 이상하다고 할 수밖에 없는 노릇이다.

행복은 기뻐 날뛰는 희열과는 엄연히 다른 것이다. 행복의 색은 강렬하다기보다는 때론 무채색처럼 담백하고 잔잔한 그 무엇 같다. 행복은 특기할 만한 큰 사건들이 아니다. 일상에 소리 없이 숨어 있는 작은 보물들을 발견하는 일이다.

　나의 경우 그것이 사람이든 상황이든 나의 바깥과 갈등이나 충돌을 빚을 가능성을 거의 제로화한 가운데, 그냥 마음속에 별다른 저항감 없이 그날그날 펼쳐지는 대로 살아가는 편이다. 그리고 내가 놓인 공간에는 다른 사람이 없고 그저 나 혼자 있을 뿐이다. 그러다 보니 나는 거의 날마다 나 자신만을 마주하게 되고 내가 나와 이리저리 소일하게 된다.

　아까 낮에도 글을 쓰다 잠시 구들방에 한가하게 드러누워 있다가, 문득 처마 끄트머리에 이어붙인 비막이가 덜컹거리고 받쳐둔 막대기가 쓰러진 일거리가 떠올랐다. 그 바람에 자리에서 일어나 전동드릴과 나사못으로 막대기와 비막이를 고정시키고 나니 속이 다 후련했다.

바람 불 때마다 속을 썩이던 그 골칫거리 막대기가 수습하고 나니 나를 후련하고 만족스럽게 만들어 주는 고마운 막대기로 바뀌었다. 불만이 순식간에 만족으로, 그리고 꺼림칙하게 신경 쓰이던 일이 후련하고 홀가분한 일로 반전을 일으킨 것이다.

당신과 나의 귀에 익숙한 이스라엘의 수도 '예루살렘'은 그 본래 뜻이 '아름다운 황혼'이라고 어느 책에서 읽었다. 그러니 지금 내 나이와 내가 통과 중인 상황은 그야말로 예루살렘이다.

전 세계 유대인들이 예루살렘을 자기들 영혼의 중심으로 삼을 때에, 나의 예루살렘에서는 무슨 일들이 일어나고 있는 것일까. 알 수 없는 그 무엇인가가 손짓하는 곳으로 나는 오늘도 흘러간다.

대보름 홍두깨

"아닌 밤중에 홍두깨"라더니, 지리산 정월 대보름날 한밤중에 바로 내가 홍두깨였다. 새벽부터 굵은 빗줄기가 낮까지 내리더니 오후 늦게 비는 잦아들었지만 흐린 날씨에 하늘엔 구름이 가득했다.

저녁에 서울 가족들과 후배한테서 빌딩 사이로 환하게 떠오른 정월 대보름달 사진들이 잇달아 전송되어 나의 카톡창에 떴다. 그렇지 않아도 지리산의 대보름달을 구경하고 싶던 참이었다. TV를 보다 벌써 여러 번 바깥 하늘을 내다보았지만 아직 구름이 걷히지 않은 탓에 이제나저제나 하며 보름달 뜨기만을 기다리고 있었다.

시간 때우기로 보던 영화는 의외로 무척 재미있고 찡

했다. 배우 임창정과 하지원이 주연한 〈1번가의 기적〉
이라는 영화였는데 빈민촌에서 어렵게 살아가는 인생
들을 그렸다. 그 애틋함이 나의 소년시절과 겹치면서
나도 모르게 영화에 빠져들었다. 영화가 끝나니 어느
새 시간은 자정을 향해 흐르고 있었다.

'참! 보름달 구경해야 하는데 …. 옷 입고 야간 드라
이브를 할까, 말까?'

잠시 망설이다가 1년 중 오늘밤밖에 볼 수 없는 정월
대보름달이라는 아쉬움에, 졸리는 눈꺼풀을 비비며 이
부자리에서 일어나 외출채비를 했다. 두꺼운 외투를
걸쳐 입은 내 모습에 저절로 웃음이 났다.

'오밤중에 이러는 게 공연한 극성일까, 정성일까?'

해석은 내 자유이지만 아무튼 심야 달구경 외출을 해
야겠다는 마음이 더 컸다. 나는 마을사람들이 한참 단잠
을 잘 그 시간에 고요한 정적을 깨며 자동차에 마침내 시
동을 걸었다. 이러니 "아닌 밤중에 홍두깨"일 수밖에.

마을길과 지붕들 그리고 논밭들은 중천에 높이 솟아

오른 둥그런 보름달이 내려보낸 달빛의 푸르스름한 조명을 받아 산자락의 적막한 침묵과 한데 어우러지면서, 홍두깨만 엿볼 수 있는 참으로 깊고 아름다운 광경을 빚어내고 있었다.

나는 좀 떨어진 하동 화개까지 섬진강변을 따라 다녀오기로 했다. 혹시 당신은 햇살과 달빛에 은은하게 반짝이는 섬진강을 본 적이 있는가. 그 풍경을 보았다면 당신은 크나큰 행운을 누린 것이다. 축복을 받은 것이다. 햇빛 머금은 섬진강물은 은비늘을 만들고, 달빛 머금은 섬진강물은 금비늘을 만든다. 그 풍광은 인간의 언어마저 소멸시킨다.

당신과 나는 애당초 자연에서 빚어져 훗날 자연으로 되돌아가는 천명天命을 타고났기에, 깊고 오묘한 자연 앞에 제대로 접속을 일으키면 인간존재의 본질을 되찾게 된다. 그 나머지는 사실상 군더더기일 뿐이다. 하나의 생명존재가 본래 모습으로 재생된다면 그야말로 완성되는 것이다. 이런 가르침이 있다.

그대는 크고 밝고 완전完全하다
그대는 이미 안전安全하며 영원히 안전하다

관광철이 아니면 대낮에도 한가한 섬진강변의 한밤중은 문자 그대로 적막강산寂寞江山이었다. 내 앞에도 내 뒤에도 사람과 자동차는 하나도 없었다. 오직 하늘에는 보름달, 대지에는 지리산과 섬진강 그리고 나 혼자와 나의 고마운 길벗 쏘렌토만 있을 뿐이었다.

화개장터도 잠들어 있었다. 물건 파는 작은 마트 한 군데만 아직 영업 중이었다. 나는 약간의 출출함도 달래고 목도 축일 겸 가게 안으로 들어가 카스텔라와 따뜻한 캔커피를 샀다. 늦은 밤까지 가게를 보던 아주머니에게 물건 값을 치르면서, 덕분에 이 밤중에 외진 곳에서 물건을 챙길 수 있어 감사하다고 인사를 건네자 아주머니는 빙그레 웃으며 막 문을 닫으려는 참이었다고 했다.

가게 앞에는 야간순찰을 도는 경찰관과 막연히 손님을 기다리는 택시기사가 서로 아는 사이인 듯 이야기를 나누고 있었다. 순간 나는 보름달 아래서 깊어가는 밤을 지키는 세 사람이 참 반갑고 고맙다는 생각이 들었다.

돌아오는 찻길에서 빨간불 정지신호를 받아 잠시 정차하며 주위를 둘러보니, 가드레일 너머로 높게 자란 갈대가 차가운 겨울바람에 흔들리고 있었다. 갈대가 춤추는 걸 보니 바람이 있다는 걸 알아차릴 수 있었다.

눈에 보이는 갈대 그리고 눈에 보이지 않지만 느낌으로 확실한 바람이 서로 만나 점점 짧아져 가는 지리산 겨울의 밤 풍경 한 컷을 나의 야간 드라이브 마지막 선물로 주었다. 나는 "아닌 밤중에 홍두깨"가 되기를 참 잘했다는 생각이 들었다.

이제 또 한 차례 세월이 흘러 내년 대보름날에도 달소풍을 다시 할 수 있다면 나는 그것으로 족하다. 그때까지 저 보름달처럼 속이 둥글고 환하게 밝아지는 삶을 살아야겠지.

백면서생의 변신

"와아! 내가 이런 쾌거를 이룩하다니!"

일평생 화이트칼라로 사회생활을 마친 끝에 시골로 귀향해 나 홀로 지내는 이른바 백면서생白面書生이, 순전히 육체적 작업으로 더구나 남의 도움 전혀 받지 않고서 시골집의 오랜 골칫거리이자 늘 신경 쓰이던 숙제를 마침내 해결한 오늘은, 나에겐 만세 삼창이라도 소리 높여 부를 만한 날이다.

그도 그럴 것이 부뚜막 아궁이에 장작불 피울 때마다 나무 타는 연기가 아궁이 바깥쪽으로 역류하는 바람에, 자욱한 연기에 휩싸여 콜록거리거나 아예 숨을 참고 불을 때다가 마침내 연기를 참다못해 잠시 뛰쳐나오

곤 했다. 참으로 아둔하고 문제 많은 행동을 몇 년 전
부터 수없이 되풀이해온 나로서는, 아궁이 연기를 말
끔히 처리하는 숙제가 정말 신경 쓰이던 참이었다.

더구나 1년 중 거의 7개월가량 장작을 때는 구들방
생활을 해온 터라서, 일상의 껄끄러운 어려움이 되풀
이되는 일은 일종의 스트레스에 가까운 것이었다고 해
도 과언이 아니었다.

덧붙여 이런 고충을 아는 아내는, 내가 서울 갈 때마
다 내 옷에서 매우 강한 연기냄새가 난다며 곧바로 세탁
기를 작동하기 일쑤였다. 제발 아궁이 연기제거를 좀
잘해 보라는 핀잔과 독촉을 여러 차례 하기도 했다.

드디어 결행에 착수하기로 했다. 우선 도대체 어디가
장애를 일으키는지부터 파악해야 했다. 그런 뒤엔 내
가 태어나 단 한 번도 경험해 보지 못한 작업에 과연 남
의 도움을 빌려야 할지 아니면 나 혼자 해결이 가능할

지 가늠해야 했다.

　일단 나는 집 뒤쪽 비좁고 후미진 구석을 지나야만 점검할 수 있는 부뚜막 지붕 위로 솟은 굴뚝과 거기에 설치된 해묵은 환풍기가 제대로 작동하는지 살피러 낑낑 사다리를 운반해야 했다.

　살펴본 결과, 문제점이 드러났다. 굴뚝 끝에 달린 환풍기가 전기스위치를 켜도 전혀 돌아가지 않았다. 고장 난 채로 멈춘 프로펠러엔 그동안 켜켜이 쌓인 검댕들이 덕지덕지 엉켜 있었다.

　한심한 생각이 들었지만, 일단 환풍기 전선을 자르고 고물 환풍기를 떼어냈다. 다시 부뚜막으로 되돌아와 이번엔 아궁이 바로 옆 굴뚝기둥을 물끄러미 쳐다보면서 궁리에 몰두했다.

　'이 대목에서 작업인부를 부를까? 아니야, 그러면 일이 복잡해지고 돈은 돈대로 들 테고 여러 가지로 더 피곤해질 거야. 나 혼자서도 가능한지 좀더 궁리해 보자.'

　그러다 번뜩 썩 괜찮은 아이디어가 떠올랐다.

'우선 이 재래식 굴뚝부터 싹둑 잘라 버리고, 이 기회에 양철함석 연통을 사자. 그다음에 내 손이 쉽게 닿고 내 눈에 잘 보이는 저쪽 창문으로 연통을 내고, 그 끄트머리에 새로운 환풍기를 설치하자. 옳지, 좋았어!'

나는 굴뚝 지름을 재고 거기서부터 창문까지의 거리를 잰 뒤 그길로 곧장 읍내 단골 철물점에 달려갔다. 주인아저씨한테 작업계획과 부뚜막 상황을 설명하며 의견을 구하니, 괜찮은 생각 같다며 긍정적 답변을 내놓았다.

나는 연통 여러 개와 연통의 각도를 90°로 꺾을 때 끼워 쓰는 기역자 모양의 엘보까지 챙겨서 돌아왔다. 내친김에 어떻게든 나 혼자 해볼 참이었다. 작업은 오후 내내 저녁 어둑해질 때까지 낑낑 꼼지락 덜컹 삐거덕 몇 시간 동안 계속되었다. 힘겨운 분투였다.

마침내 새 연통과 환풍기 설치 작업이 일단 완료되었다. 그 도중에 연통을 받치려고 창문틀에 얹은 통나무를 실수로 아랫집 마당에 쿵하고 떨어뜨리기도 했다. 그 바람에 놀란 이웃이 달려와 무슨 일이냐고 물어서 이러쿵저러쿵 잠시 해명을 하며 양해를 구해야 했다. 또 연통을 이을 때마다 연기가 솔솔 피어나는 바람에 본의 아니게 연기를 마시는 쓴맛도 봐야 했다.

아무튼 이런저런 곡절 끝에 작업은 끝났고, 드디어 기대 반 불안 반씩 섞인 착잡하고 긴장된 첫 실험가동의 순간이 왔다. 짜자잔!

'아아! 오오! 아니 이게 웬 대박이람!'

연기가 아궁이에서 더 이상 역류하지 않고 창문틀에 걸친 맨 끝 연통 환풍기에서 힘차게 뿜어져 나왔다. 아궁이 앞은 이제 숨 쉴 만했다.

'오호 쾌재라! 이게 과연 몇 년 만이더냐!'

마침내 해묵은 숙원이 해결된 순간이었다. 더구나 순전히 혼자 힘으로 해낸 작업이었다. 나는 정말 기뻤다. 그래서 즉각 휴대폰 카톡창을 열어 이 위대한 성취를 아내와 두 딸에게 알렸다. 물론 사진도 곁들여서 말이다.

가족들도 무척 기뻐해 주었다. 나는 모처럼 무슨 개선장군이라도 된 듯이 어깨에 힘을 빡 주었다. 그리고 최종적인 뒷마무리는 내일 날이 밝으면 매듭짓기로 하고 구들방 안으로 들어왔다.

방 안에서 한숨 돌리며 책상 앞에 우두커니 앉아 있다가 황토벽 위에 걸어 놓은 서예 액자에 눈길이 갔다. 아주 오래전 젊은 시절 한동안 프랑스 파리에 연수차 떠날 때, 그 당시 살아 계셨던 아버지께서 몸소 써 주신 훈시가 담긴 액자였다. 고진감래苦盡甘來. 괴로움이 다한 끝에 즐거움이 온다!

과연 옛 가르침답게 고사성어답게 오늘 하루 내게 벌어진 온갖 궂은일들이 내 앞에서 작은 행복으로 대반전을 일으켜 미소 짓고 있었다. 이번 겨울엔 수돗물 동파도 겪지 않았고, 마침내 아궁이 연기 처리까지 잘 마무리되었다. 이제부터 나는 더욱 별다른 고충 없이 지낼 수 있게 되었다. 이 또한 감사할 축복이다.

오늘밤에도 둥글고 환한 보름달이 내 집 지붕과 마당에 달빛을 한가득 쏟아 내리고 있다. 내일은 더 신명나게 살자. 푸르른 날은 푸르게 살고, 힘든 날은 힘껏 살자.

부재가 일깨우는 소중함

세상 떠난 경우가 아니더라도 늘 곁에 함께 머물던 사람이 옆에 보이지 않는 일은, 허전함을 넘어 그 사람의 소중함을 일깨운다. 없어봐야 비로소 있을 때의 의미가 새삼 각인된다.

오랜만에 아내가 서울에서 내려와 잠시 머물다 갔다. 내가 난생처음 부뚜막 굴뚝을 고치고 연통을 새로 설치하는 작업을 혼자서 고생스럽게 했다는 소식에, 장모님의 걱정과 아내의 걱정이 겹쳐져 갑자기 아내가 서울에서 시외버스를 타고 내려온다는 전갈이 왔다. 그것도 밤늦게.

나는 잠시 어리둥절하면서도 반가웠다. 가끔 서울에

가면 가족들을 만나지만, 내가 대부분의 시간을 지내는 이곳 지리산으로 가족이 오면 그 반가움이 더욱 크다.

하기야 수십 년 전 신혼 초 단칸 셋방살이 시절을 떠올리면 아내의 걱정을 이해할 수 있다. 그때 아내가 나한테 천장 형광등 좀 갈아 달라고 한 적이 있다. 그런데 내가 두꺼비집 퓨즈조차 제대로 만지지 못하고 벌벌 떨자, 보다 못한 아내가 나서서 불이 잘 켜진 것까지는 좋았다.

이번엔 내가 형광등 고정 줄의 수평을 맞추지 못해 비뚤어진 모양새를 또 참다못한 아내가 마침내 팔 걷어붙이고 나서서 바로잡았던 것이다. 그 일은, 오랜 세월이 지난 지금까지도 몸 쓰는 작업에 서투른 나에게 핀잔줄 때마다 아직도 써먹는 단골메뉴다. 그러니 내가 웬일로 시골집 굴뚝과 연통 작업을 혼자 했다고 해도 미덥지 못한 것은 아내로서는 당연하다는 추측에 나도 모르게 웃음이 터졌다.

난데없는 방문 이유야 어쨌든 나로서는 우선 아내가 온다는 것 자체가 반가웠다. 뿐만 아니라, 이제는 내가 지리산 독거 10년 만에 웬만한 잡일들은 혼자서도 제법 잘해낸다는 걸 증명해 보일 절호의 찬스이기도 했다.

홍두깨 같은 남편의 홍두깨 같은 아내는 아닌 밤중에 무슨 특별검사처럼 시골집에 들어서기가 무섭게 부뚜막과 굴뚝과 연통 점검에 나섰다. 꼼꼼히 체크하는 아내 옆에서 나는 잘 보란 듯이 잘난 척 너스레를 떨고 반죽을 피우면서 눈치를 살폈다.

오! 합격인가? 아내는 별다른 지적이 없었다. 그리고 정말 혼자서 고생이 많았겠다며 나를 격려해 주었다. 나는 반색하며 안도의 한숨을 내쉬었다. 그래도 끝까지 방심은 금물이라 했던가? 아내의 날카로운 지적 하나가 나의 허점을 찔렀다.

"연통을 저렇게 창밖으로 내는 것은 좋은데 창을 통

해 다시 연기가 들어오는 건 잘 막아야 되지 않나요?"

"이크! 나도 그게 약간 찜찜하긴 했는데 … ."

"혹시 여기에 쿠킹호일 있나요?"

'아아, 내가 왜 그 생각을 하지 못했을까.'

나는 아내의 번쩍이는 아이디어에 속으로 감탄하면서 부엌에 가서 잽싸게 쿠킹호일을 가져와서 테이프와 함께 대령했다.

불과 10여 분 만에 뚝딱 보강조치가 이뤄졌다. 이제 부뚜막 내부에서는 모든 연기가 감쪽같이 말끔하게 사라졌다. 나도 모르게 입이 귀에 걸렸다. 그때를 놓칠세라 나는 아내에게 실눈을 뜨며 눈도장으로 아양을 떨면서 짐짓 큰 소리로 찬사를 내뱉었다.

"역시! 당신이 오기를 잘했어! 당신 솜씨가 과연 화룡점정이구먼!"

아내도 자기의 뒷마무리 솜씨가 마음에 드는지 미소를 지었다. 이렇게 해서 며칠 동안의 부뚜막 소동은 만족스럽고 다행스럽게 그리고 평화롭게 막을 내렸다.

아내는 지리산 구들방에서 이틀 밤을 묵었다. 그러면서 기름때가 찌든 가스레인지를 깨끗이 닦아 주고 유통기간이 지난 먹거리를 내다 버렸다. 아내의 손길이 닿자 엉성하고 허술한 부엌살림이 말끔하게 정돈되었다.

'사람 하나 더 있는 게 이렇게 다르다니!'

나는 새삼 아내에 대한 고마움을 느꼈다. 아내가 잠시 머무는 동안에 최대한 즐겁게 해주고 싶었다. 나는 아궁이에 평소보다 장작을 듬뿍 집어넣어 구들방을 뜨끈뜨끈하게 덥혔다. 내가 권한 가장 따신 아랫목에 앉아 단골연속극을 보던 아내는, 마침내 뜨겁다며 자리를 옮겼다. 나는 부뚜막을 보강하고 나니까 구들방이 더 지낼 만하게 되었다고 능쳤다.

이튿날 아침엔 근처 산수유 마을에서 소문난 온천욕을 시켜 주었다. 아내가 곰탕을 먹고 싶다고 해서 구들방에서 편히 쉬라고 하고 부지런히 차를 몰아 꽤 먼 거리의 하동 화개 맛집까지 가서 곰탕을 테이크아웃해 왔다.

아내가 짜장면 생각이 난다고 입을 열자마자 재빨리 아내를 태워 나의 단골 중국집에 데려가 맛을 보여주었다. 또 정말 고소한 찹쌀꽈배기 파는 가게가 산 너머 남원땅에 있다며 거기까지 직접 데리고 가서 꽈배기 맛도 곁들여 주었다. 나의 칙사 대접에 아내는 무척 좋아했다. 나도 무척 기뻤다.

드디어 아내가 서울로 다시 떠나는 날, 함께 시외버스 터미널에 갔다. 마침 주말이어서 다음 버스는 한참을 기다려야 할 판이었다. 여기서 나는 아내를 위한 마지막 특별서비스를 비장의 카드로 꺼냈다.

내 차로 직접 전주까지 데려다주고 거기서 고속버스를 이용해 시간도 거리도 줄이자는 아이디어였다. 아내는 내가 수고스럽다며 처음엔 사양하다가 못 이기는 척 따랐다. 아쉬운 작별이지만 전주까지 함께 드라이브한다는 기대감에 아내의 기분이 한층 좋아보였다.

만사 순항이었다. 전주 고속버스 터미널에 도착하자

마자 곧바로 10분 뒤 출발하는 차표를 구할 수 있었다. 때마침 점심 무렵이어서 출출했던지 버스에 오르던 아내가 얼핏 지나가는 말투처럼 한마디를 던졌다.

"김밥 한 줄 챙겨서 요기하면 좋겠다."

"그래? 잠깐만 기다리고 있어!"

나는 순식간에 정말 동작 빠르게 김밥을 성공적으로 챙겨왔다. 사실 갑자기 나타나 "빨리빨리"를 외치는 나의 채근에 정신 사나운 김밥말이를 한 김밥집 아주머니에게는 미안했다. 하지만 그 덕분에 아내는 환한 미소를 지었다.

버스 맨 뒷좌석에 앉는 아내의 모습을 나는 차창 밖에서 지켜보았다. 아내는 나를 보고 밝게 웃으며 손을 흔들었다. 나도 똑같이 응답했다. 아내를 태운 버스는 곧바로 출발했다. 나는 멀어져 가는 버스를 한참 쳐다보았다.

이별도 아닌 잠시 동안의 작별이지만, 마음이 뭉클해지며 찡하고 애틋했다. 아내와 지냈던 2박 3일이 어느새 시골집 그 굴뚝 연기처럼 순식간에 사라지고 없었다. 구들방에서, 부뚜막에서, 부엌에서, 그리고 함께 나들이했던 아내의 모습이 덧없이 눈앞에서 사라지고 없었다.

그 모든 함께했던 순간들이 무척 소중한 것들이었다는 생각과 느낌이 내 마음속을 갑자기 가득 채웠다. 다시 산자락 구들방에 돌아오니 아내는 부재중이었다. 함께하고 따로 떨어지고…. 나의 지리산 생활은 두 가닥 인생길이 교차하며 각각의 모습을 더 선명하게 각인시킨다.

사랑도 연기처럼…. 그러니 사랑할 때 사랑할 수 있을 때 더욱 사랑하는 수밖에.

뒤뜰 물고랑

시골집의 이런저런 정돈작업을 하면서 내친김에 묵은 숙제 하나를 더 하기로 했다.

집 앞마당은 늘 생활하는 공간이라 평소에도 손길이 자주 가지만, 비좁은 뒤뜰은 일부러 살펴야 하기에 나도 모르게 오랫동안 방치해 두었다. 그런 상태로, 어느덧 몇 년이 지나 흙더미와 낙엽 그리고 어디선가 날아든 비닐봉지 등이 한데 뒤엉켜 쌓여 엉망이 되어 버렸다. 빗물 배수에도 지장이 있을 게 뻔했다.

나는 귀찮다는 생각을 떨쳐 버리고 마침내 아침 식전부터 뒤뜰 물고랑 치우는 작업에 실로 오랜만에 나섰다. 한 손에 쇠스랑과 삽을 움켜쥐고 다른 한 손에 쓰레받기와 세숫대야를 들고 지나다니기도 비좁은 뒤뜰로 갔다.

그냥 서 있기도 옹색한 물고랑에서 겨우 중심을 잡으며 힘겨운 삽질을 하고 쇠스랑으로 긁어냈다. 드디어 배수구 앞을 치우는 순간, 윗집 할머니가 무척 낮은 담장 너머로 고개를 기웃 내밀면서 웃으며 말을 건넸다.

"아이고! 내가 전에 들여다봉게로 물고랑이 잔뜩 막혀서 직접 몇 번 치웠구먼. 저기 구석에 쌓아놓은 것이 내가 치운 것이여."

"아! 그러셨습니까? 저는 전혀 그것도 모르고 살았네요. 아이고, 감사하고 죄송합니다! 그렇잖아도 지금 오랜만에 치우려고요."

나는 연세 80이 훨씬 넘으신 혼자 지내시는 그 할머니가 직접 담장을 넘어와 물고랑을 치웠다는 말씀에, 참으로 미안하고 감사하고 또 민망했다. 나는 연신 허리를 굽실거리며 무안해진 마음을 인사로 대신했다.

나의 거처 산자락 마을은 약간 비탈진 곳이어서 비가 오거나 생활하수를 버리면 어차피 아랫집 배수로를 타고 또 그 아랫집으로 다시 실개천으로 물이 빠져나가는 구조다. 그러다 보니 어느 한 집 물고랑이 시원치 않게 막히면 그 윗집도 지장을 받을 수밖에 없다.

따라서 각자 알아서 평소 배수가 잘되도록 조치하고 사는 게 당연하다. 나는 본의 아니게 윗집에 폐를 끼쳤다고 생각하니 정말 미안한 마음이 들었다. 그래서 서둘러 부지런히 물고랑을 치웠다.

할머니는 나의 일하는 모습에 대견하다는 표정을 지으며 한마디를 덧붙였다.

"근디 저번 명절에 또 뭔 선물을 갖다 놨어? 매번 고마운디 나도 미안헝게 인자 그라지 말어!"

지금은 외톨이로 지내시는 그 할머니는 남원에서 시집을 오셨는지 마을사람들은 그녀를 남원댁이라고 부른다. 객지에 사는 그녀의 자식들은 내가 보기에 마을에서 고향부모를 가장 자주 찾아오는 것 같다. 굳이 명절 때가 아니더라도 주말이면 심심찮게 어머니를 찾아와 함께 오순도순 두런두런 정겹게 이야기를 나누는 모습을 자주 보았기 때문이다.

내 집 뒤뜰 물고랑을 남모르게 치워 주신 그 할머니는 생계가 어려운 분은 아니지만, 어느 날 이른 새벽 나는 마을을 나서다 그 양반을 이웃마을에 태워다 드린 적이 있다. 그 할머니는 공익근로에 나가시는 길이라고 했다.

그때 내가 할머니한테 이렇게 말했었다.

"아이고 참 부지런하시네요! 다른 어르신들은 몸이 불편해서 거동하기에도 어려운 양반들이 많은데, 어르신은 이렇게 공익근로에 가실 수가 있으니 건강에도 보탬 되고 용돈도 버시고 일석이조 같네요!"

그때 할머니의 대답은 이랬다.

"하루 일당 4만 원이여! 솔찬해!"

'솔찬하다'는 이곳 남도 사투리로 '쏠쏠하다'는 뜻이다.

나의 정답고 상냥한 이웃 그 할머니는 몸소 밭일로 거둔 먹거리를 까만 비닐봉지에 싸서 가끔 내 집 대문 앞에 슬그머니 놓아둘 때가 있다. 시골누님들은 마음씨 고운 양반들이 참 많다.

700km의 문병

경상북도 어느 도회지에서 대학총장으로 지내는 나의 40년지기 죽마고우가 있다. 그 친구랑 나랑은 사회생활 하기 전 20대부터 만나면 즐거운 벗이었는데 벌써 40년 세월이 흘렀다.

그 친구도 나도 이젠 늙어가는 모습으로 변했지만, 그에게 아직도 여전히 변하지 않는 것이 있다. 그의 마음씨가 옛날부터 지금까지 줄곧 너그럽고 곱다는 점이다. 한마디로 참 사람 좋은 친구다.

그런데 얼마 전에 이 친구의 배려로 그 대학 게스트 하우스에 임시로 머무는 무림의 고수 태권도 9단 후배 녀석으로부터 긴급 카톡 메시지가 떴다. 총장친구가 며칠 전 허름한 계단에서 넘어지는 바람에 발목에 골절상을 입고 안동 큰 병원에 입원했다는 소식이었다.

나는 깜짝 놀라 친구한테 전화를 걸었다. 모두 사실이었다. 의사진단에 따르면 앞으로 한 달가량 병원에서 회복조치가 필요하다고 친구는 전화기 너머 가라앉은 목소리로 말했다. 나는 조만간 한번 찾아가겠다고 한 뒤 긴 말 없이 전화를 끊었다.

그로부터 이틀 뒤 나는 친구에게 미리 알리지 않고 길을 나섰다. 내가 가끔 찾아뵙는 큰스님 암자가 있는 지역과 친구가 입원중인 도시는 인접해 있으니, 대략 길 짐작이 나왔다. 편도 300km, 왕복 600km 그리고 근처 후배를 픽업해서 함께 가야 하니 100km 더 얹어서 모두 700km를 달리는 거리였다.

하지만 나는 개의치 않고 지리산을 벗어났다. 오랜 친구가 뜻하지 않은 부상으로 병원신세를 진다는데 더 생각할 필요는 없었다. 꼬박 4시간 30분을 운전한 끝에 후배와 병원에 도착해 주차하고 올라가면서 나는 친구에게 전화를 걸었다.

"나 지금 막 병원 도착했다. 잠시 후에 보자."

친구는 발을 다쳤으니 꼼짝없이 누워 있다가 병실에 들어서는 나를 보더니 힘겹게 일어나려고 애썼다. 나는 그냥 누워 있으라고 했다. 친구는 겨우 몸을 일으켜 침대에 기대었다.

나는 급히 챙겨간 선물을 내밀었다. 입원환자이고 높은 신분의 총장님이라서 병실에 이것저것 잘 마련되어 있을 터라 딱히 챙겨갈 만한 문병선물이 마땅치 않다가 불쑥 떠오른 것이었다. 나이 든 사람들의 주전부리가 될 만한 추억의 맛강정이었다.

약소했지만 그 맛강정은 지리산 내가 머무는 곳에서 약 1시간 거리에 있는 내가 아는 강정달인 그 농가에까지 직접 가서 구한 것이었다. 나는 친구한테 어정쩡 생색을 내면서 어서 맛보라고 권했다. 맛을 본 친구는 다행히 '정말 맛있네!' 하며 기꺼이 반응해 주었다.

우리 셋은 한참 동안 이런저런 이야기를 나누었다.

평소 우스갯소리를 즐기는 친구는 병실에 누워서도 익살을 부렸다. 그런 친구를 보니 나도 안심이 됐다. 이윽고 병원 저녁식사가 들어왔다.

나는 다시 지리산으로 되돌아갈 길도 멀고 이만 물러갈 시간이 되어서 작별인사를 나누고 병원을 나섰다. 함께 갔던 후배는 서울에 볼일 있어 상경할 참이라고 했다. 나는 후배한테 버스 터미널이나 기차역에 내려줄 테니 저녁 요기나 함께 먹고 헤어지자고 했다.

마침 얼마 전 TV에서 본 적 있는 안동 재래시장 근처 간고등어 메뉴가 떠올랐다. 후배와 나는 유행가 제목 그대로 '안동역 앞에서' 간고등어를 먹었다. 맛있었다. 하지만 1인분이 반 마리에 1만 원, 전라도에 비해선 비싸다는 생각이 들기는 했다.

후배가 타고 갈 기차의 출발시각은 저녁 7시 25분이었다. 운 좋게도 음식점이 기차역 바로 옆이어서 후배는 기차를 수월하게 잡아탔고, 떠난 지 얼마 지나지 않아 잘 가고 있노라 나에게 알려 주었다.

나는 나의 길벗 쏘렌토를 다시 채찍질했다. 찻길은 대
구를 거쳐 고령으로 다시 합천과 함양을 지나 지리산
마을까지 한밤중에 300km를 이어갔다. 대구에서 광주
로 연결된 그 고속도로는 평소에도 한가한 편이지만 늦
은 밤에는 더욱 오가는 차량이 드물었다. 길 위에서 거
의 내내 나 혼자 달리고 있었다.

밤중에 산과 산 사이로 난 찻길을 나 홀로 달릴 때,
뒤쪽 유리창 저 멀리 빛나는 밤 보석 헤드라이트 불빛
이 조그맣게 나타나면 외롭지 않아 반갑다. 저 사람은
또 무슨 사연으로 이 밤중에 이 적막한 길을 나처럼 달
려가는 것일까.

어둠에 묻힌 밤길에 놓이면 마치 내가 사막 한가운데
에 혼자 있는 듯한 느낌이 들곤 한다. 틀린 말은 아닐
것이다. 모래알처럼 수많은 인간들의 모래사막 한가운
데서 나는 혼자 지탱해 거센 바람을 맞이하는 키 작은

앉은뱅이 풀 한 포기와 다를 게 없다.

그러나 나는 길을 달릴 때 내가 살아 있다는 것을 느끼며 확인하게 된다. 나는 살아 있다. 살아 있기에 나는 이렇게 달리고 있다. 아니 달리기에 살아 있는 걸까. 자동차 헤드라이트 불빛이 미치지 않는 저 너머 어둠 속 캄캄한 길은 또 어디로 뻗쳐 있을까. 그 지점까지 이르기 전에는 도무지 가늠하기 어려운 암흑일 뿐이다.

긴 하루 끝에 마을에 들어서니 실루엣 능선 위에서 노란 달이 말없이 나를 내려다본다. 사방 천지가 고요하다.

집터를 이겨낸 기운

오랫동안 방치된 산기슭 폐가를 고쳐 힐링 암자로 바꾸기 위한 그 스님의 끈기와 집념은 정말 대단했다. 추운 겨울에 그것도 여성 비구니가 온갖 궂은일과 중노동을 마다않으며 사실상 집을 새로 짓는 것이나 마찬가지인 그 고된 작업을 전혀 포기하지 않고 밀어붙이는 추진력은, 가끔 찾아가는 내 눈에는 보통사람의 정신력을 훨씬 뛰어넘는 경탄 그 자체였다.

더구나 집수리 과정에서 뜻밖에 벌어진 각종 사고와 난관들은 가히 우여곡절의 '압권'이라 할 만했다. 압권이라는 말의 원래 뜻은 옛날 왕조시대의 과거시험에서 생겨났다고 전해진다.

전국 각지에서 피눈물 나게 공부한 선비들이 치열한 경쟁을 뚫고 입신양명을 위해 학문 실력을 겨루는 과거 시험에서, 성적을 매기는 신하들이 마침내 왕 앞에 그 시험 답안지들을 수북이 갖다 놓아 왕의 재가를 받을 때, 가장 뛰어나다고 평가된 수험생의 답안지가 맨 위에 올려져 다른 답안지 뭉치들을 '꽉 누르고' 있다 하여 누를 '압'壓자 '압권'이란 표현이 생겨났다는 이야기다.

이런 압권이란 표현을 내가 그 스님의 어려움에 빗대어 쓴 이유는, 그 폐가 수리 현장에서 일어나고 벌어진 힘겹고 고달픈 사연들이 구구절절 안쓰럽고 때론 웃음이 터질 정도로 기가 막혔기 때문이다.

사건들은 이루 다 말할 수 없을 정도로 많지만, 그중 내 눈에 퍽 아찔하고 인상적이었던 몇 가지를 소개하면 다음과 같다.

하루는 스님한테 갔더니 스님의 앞이마 두 눈썹 사이

미간에 반창고가 붙어 있었다. 마치 부처님처럼 아니 포청천의 점처럼 연상되는 부위였다. 내가 걱정돼 물었다.

"아니, 스님! 이마를 다치신 겁니까?"

스님은 민망한 표정으로 웃더니, 대수롭지 않다는 투로 말했다.

"네에, 작업하다가 실수로 장도리 뒤꼭지에 이마를 찍는 바람에 … ."

스님이 보여준 상처는 꽤 컸고 자칫 흉터가 남을지도 모를 지경이었다.

또 어느 날에는 패널이라는 건축자재로 벽을 쌓다가, 절단작업을 하던 인부의 불찰로 튄 불똥이 패널 속을 채운 스티로폼에 옮겨 붙는 바람에, 하마터면 집을 홀라당 태울 뻔한 위험천만한 순간도 있었다.

이런저런 고비를 넘다가, 마침내 압권이라 할 만한 일대 사건이 터지고 말았다. 진짜배기 '폭발물'이 그 집 천장에서 우연히 발견된 것이었다. 미제 '수류탄'이었다. 6·25 전쟁 전후 무렵에 누군가 지리산 근처 그 집

다락방 같은 은밀한 공간에 숨겨 둔 것으로 보였다.

깜짝 놀란 스님과 인부는 이 사실을 곧바로 경찰에 알렸고, 경찰은 군부대에 긴급연락을 취했다. 마침내 멀리 광주 인근 상무대에서 폭탄제거 특수반이 출동했다. 공사는 즉각 중단되었고, 그 집에는 마치 강력사건 발생 때처럼 출입금지 경고테이프가 여기저기에 붙여졌다.

한나절의 긴박하고 긴장된 시간이 흐른 끝에 마침내 폭탄이 수거되었다. 폭탄은 오랜 세월 방치된 듯 녹슨 헝겊 같은 것으로 감겨 있었다. 더욱 아찔한 것은 안전핀 하나가 뽑혀서 안 보이더라는 것이었다.

수류탄 발견사건은 천만다행으로 마무리되었지만, 출동했던 군인들 얘기로는 집수리하다가 혹시 모르고 건드렸다면 폭발했을 수도 있었다고 심장 떨리는 귀띔을 했다고 한다.

이 사건 직후에 이런 놀라운 해프닝을 듣게 된 나는, 당시의 긴장감이 되살아난 듯 눈을 크게 뜨며 자초지종을 설명하는 스님의 모습이 무척 안쓰러워서, 오히려 농담 섞은 위로의 말을 건넸다.

"스님! 이마도 다치고, 자칫 화재사고가 날 뻔하고, 급기야 폭탄까지 나온 걸 보니, 아마 이 집이 대박 날 모양입니다!"

과거에 풍수지리와 역학 공부도 했다는 스님은, 그동안 쭉 벌어진 온갖 사건들로 미루어 짐작건대 이 집터가 엄청 드센 것 같다고 했다. 그래도 그 드센 기운을 이겨냈으니 자기도 만만치 않고 특히 부처님과 신장들이 잘 보살펴 준 덕분 같다고 덧붙였다.

사람이 살다 보면 가끔 자기 힘으로 어찌할 도리가 없는 상황이 닥치는 경우가 있다. 이 글을 읽는 당신과 나에게도 그런 고비들이 있다. 하지만 모든 상황은 때가 무르익으면 알 수 없는 어떤 실마리가 주어지면서 또 이렇게 저렇게 넘어가게 된다. 산다는 것은 들이닥치는 난관과 헤쳐 나가는 극복 사이의 시소게임 같기도 하다.

함께 저녁식사를 하는 자리에서 스님이 무심코 지나
가는 말처럼 한마디 했다. 그 한마디는 뭔가 곱씹어 볼
만한 심지가 느껴졌다.

　"살다가 무슨 얄궂은 일이 닥치면 보통사람은 자기
자신을 돌아볼 생각은 못하고 원망과 분노에 쉽게 빠집
니다. 그래도 우리 수행자들은 자기 자신부터 되돌아
보고 챙기는 기운을 가졌다는 게 다르고 다행스럽지
요. 나한테 벌어지는 일들은 모두 나 때문입니다."

　스님을 모셔드리고 나올 때 밤이 깊어 별들이 총총했
다. 앞산 하늘에서 북두칠성이 7개 별들을 모두 선명하
게 드러내고 있었다.

홍매와 물까치

"야아! 매화야, 너 살아 있었구나!"

봄비가 촉촉이 내린 날 아침에 구들방 문을 열고 평상
에 나가 화단을 쳐다보다가, 화단 맨 오른쪽 매화나무
마른 가지에서 빨간 진분홍 매화꽃 한 송이가 밤사이에
살며시 얼굴을 내민 모습을 발견했다. 정말 반가웠다.
잎사귀 하나 없는 마른 가지에서 새끼손톱만한 사랑스
럽고 앙증맞은 새 생명이 태어나다니!

　사실 나는 그 매화나무는 죽은 줄 알았다. 몇 해 전
어느 장날에 홍매화 묘목 두 그루를 사다가 화단 왼편
감나무 앞에 한 그루 그리고 맨 오른쪽에 한 그루를 심
었다. 왼쪽 매화나무는 벌써 일찌감치 여러 송이 꽃들

을 피워냈지만, 오른쪽 매화나무는 이번 겨울 끝자락
에는 도무지 피어나는 기색이 없었다.

　지난여름에 잡초가 무성하고 거친 넝쿨이 그 매화나
무를 뒤덮은 것을 빤히 보면서도 그냥 내버려 두었다.
나의 그 게으름 탓에, 매화나무가 양분을 다 빼앗겨 결
국 생명력을 잃어버린 줄 알았다. 바로 옆 철쭉은 푸른
잎사귀들이 탈 없이 솟아나 이제 본격적인 봄이 되면
꽃들을 피워낼 준비를 하고 있었다. 하지만 같은 흙에
뿌리박은 저 매화나무는 초라하고 앙상한 벌거숭이인
채로 영 소식이 없었는데 ….

　내가 뒤늦게 겨우 한 일은 못 먹게 된 감자 몇 개를
비료 삼아 그 매화나무 줄기 아래에 두거나, 아니면 가
끔 사과 껍질을 그곳에 내다 버리는 것이었다. 하지만
마침내 매화꽃 한 송이가 놀랍게 피어난 것은 어쩐지
나로 인한 것은 아니라는 생각이 들었다. 그것은 분명
히 저 매화의 처절한 생명력을 가상히 여긴 햇살과 봄
비가 간절한 보살핌을 해준 덕분이었을 것이다.

'산자락 구들방에서 혼자 지내는 나한테도 마침내 봄 소식은 차별 없이 전해지는구나' 생각하니, 자연의 섭리가 인간에게 베푸는 아량은 참으로 끝없이 넓다는 자각이 일어났다.

한 송이 매화꽃 귀하게 피어난 그 나뭇가지에 오늘 아침엔 마치 알고 나타난 듯 까치들이 날아들어 깍깍깍 소란스럽게 분위기를 한층 고조시켰다. 까치들은 어느새 10마리 가까이 모여들어 버려진 사과 껍질을 부지런히 쪼아댔다.

붉은 매화꽃 아래 노니는 색동옷 까치들도 더욱 두드러졌다. 그것들은 '물까치'였다. 머리는 온통 검고 몸통은 연한 회색에 긴 꼬리는 깨끗한 하늘색인 고운 자태가 '물 찬 제비'처럼 매끄럽게 보인다 해서 물까치라는 이름을 얻었다.

홍매와 물까치의 만남과 조화에 나는 잠시 멍하니 빠져들었다. 아아! 어떻게 저렇게 아름다운 색채가 내 눈 앞에 펼쳐지는 것일까! 인간이 제아무리 잘나 보았자 하늘이 빚어낸 이런 오묘한 광경 앞에는, 그저 입을 닫고 머리를 숙이는 일 말고는 달리 할 바가 없다.

꽃 피고 새 지저귀는 이곳 산자락은 사람이 마음의 눈만 열면 그 자리에서 바로 천국의 축복감을 선물한다. 천국은 죽어서만 가는 곳이 아니라는 것을 나는 이곳 지리산에서 날마다 배운다.

　어제는 화개장터 쪽에 나들이 갔다가 섬진강 위에 놓인 남도대교 입구에서 봄소식을 또 하나 만났다. 그것은 행사를 알리는 플래카드였다.

　'섬진강 꽃길 마라톤 대회.'

　사부작사부작 봄이 다가오는 요즈음 내 안의 설렘이 커져가는 걸 느낀다. 당신이 한국사람이라면 봄에 지리산과 섬진강을 보아야 한다. 만약 당신에게 그럴 기회나 인연이 닿지 않는다면, 당신은 인생에서 '큰 것' 하나를 놓치는 것이다. 아니 '많은 것'을 놓치는 것이다.

새에 관한 오해와 진실

당신과 내가 살아오면서 머리 나쁘고 답답해 보이는 상대방을 향해 무심코 한 번쯤 내뱉은 적 있을 법한 속된 표현이 하나 있다.

'저런 새 대가리!'

나의 이런 철없고 무지한 고정관념을 여지없이 깨부수고 바로잡아 준 고마운 인연이 이곳 지리산에 있다. 국립공원 지리산 본부에서 일하는 맑고 순수한 풍모의 '새 박사' 박ᅦ 부장이다. 내가 당신에게 특별히 전해주는 박 부장의 설명을 들으면, 당신도 나처럼 새에 관한 오해를 풀고 앞으로 새를 새롭게 바라보게 될 것이다.

오래전 이곳 지리산에서 맺은 좋은 인연으로 가깝게 지내는 국립공원 간부 그 양반이 어느 날 저녁식사 자리에 한 사람을 대동하고 왔다. 나한테 소개해 주고 싶은 후배라고 했다. 우리는 서로 인사를 나누고 편하게 이런저런 이야기를 주고받았다.

그러다가 나는 그가 초등학교 꼬마시절부터 일평생 새를 무척 좋아했으며, 최근까지도 흑산도에서 조류생태 연구를 해왔다는 사실을 알게 되었다. 자연스럽게 새에 관한 화제가 입에 올랐다. 나는 평소 궁금증을 그에게 물었다.

"맹금류를 제외한 작고 연약한 새들이 제대로 먹을 것도 부족하고 찬바람 몰아치는 산속 겨울철에 도대체 어떻게 생존할 수 있습니까?"

그의 설명은 놀라웠다.

"새들이 차가운 얼음 위나 눈밭에 발을 딛고 서서 별

다른 지장 없이 지낼 수 있는 데는 비밀이 하나 있지요. 인간의 체온은 36.5℃이지만 새의 체온은 그보다 높은 41~43℃입니다. 이렇게 무난히 체온을 유지할 수 있는 이유는 새의 발목에 차가운 냉기를 차단하는 기능이 숨어 있기 때문이죠."

내친김에 그는 수천 킬로 먼 거리를 지치지 않고 날아가는 철새의 비밀도 전해주었다. 비행중인 철새의 머릿속에서 뇌의 절반 한쪽이 잠들지 않고 쉼 없이 날갯짓 신호를 보내는 동안에, 다른 한쪽은 수면을 취한다는 또 하나의 놀라운 이야기였다.

그리고 새의 머리 부분에 자석성분이 들어 있어 날아가는 방향을 내비게이션처럼 잡아 준다는 자연 나침반 기능에 대한 이야기도 덧붙였다.

그가 풀어낸 '새 보따리'에는 또 다른 진실과 애정도 함께 들어 있었다. 어느 지역이나 장소에 언젠가부터 새들이 많이 늘어난 현상을, 마치 서식환경이 좋아져 새의 개체수가 증가한 것으로 사람들이 '잘못' 알고 있다고 그는 지적했다. 사실 그 주변을 살펴보면 인간들이 도로나 건축 등 개발사업을 한 탓에 이전까지 널찍하게 퍼져 살던 새들이 점점 쫓겨서 마지막 지낼 만한 곳으로 저마다 모여들기 때문이라는 것이다.

끝으로 그는 겨울 산새들에게 인간이 베풀 수 있는 괜찮은 방법이 한 가지 있다며 일러주었다. 돼지비계 같은 것 한 조각을 땅에 던져놓지 말고 나뭇가지에 매달아 놓으면, 상당히 많은 숫자의 작은 새들이 들고양이나 들쥐 같은 동물들한테 먹이를 빼앗기지 않고 허기를 달랠 수 있다는 것이었다.

그는 자연과 생명들을 자세히 관찰하면 정말 놀랍도록 미세한 부분까지 어떤 섭리가 작용하고 있음을 깨닫게 된다고 했다. 그러므로 인간은 자연에서 많은 것을 배우며 힌트를 얻어야 한다며 이야기를 맺었다.

그 박 부장과 작별인사를 할 때 나는 정말 좋은 인연을 만나 귀한 이야기를 들은 것에 감사하다고 말했다. 그러면서 이런 답례의 말을 들려주었다.

"모든 현상들은 어떤 알 수 없는 인연작용으로 일어나고 소멸한다는 걸 느낍니다. 옛 가르침에 이런 표현이 있죠. '어리석은 사람은 인연을 만나도 인연인 줄 모르고 지나쳐 버리고, 보통사람은 인연인 줄 알면서도 놓쳐 버리며, 지혜로운 사람은 옷깃만 스쳐도 귀하게 여겨 자기 것으로 만든다.'"

우리는 다시 만나자고 악수를 나누고 서로 기분 좋게 헤어졌다.

큰 평화 작은 평화

평화平和라는 것에 과연 크고 작은 구분이 있을까?
산자락 거처 마당의 나무에서 여느 때처럼 산새들이 지저귀고 있을 때, 구들방 안의 TV에서는 멀리 베트남 하노이에서 한반도 전체의 명운이 걸린 미국 대통령 트럼프와 북한 최고지도자 김정은의 비핵화 담판이 열렸다는 소식이 빅뉴스로 속속 전해지고 있었다.

그 뉴스를 보다가 문득 이런 생각이 들었다. 전 세계와 온 나라가 떠들썩한 저 뉴스와 지리산에 움트는 봄소식 사이에는 무슨 연관성이 있을까? 트럼프와 김정은과 나 사이에는 무슨 연결고리가 있는 걸까? 나는 저 소란한 세상과 도대체 상관이 있을까, 없을까?

그냥 평범한 상식선에서 바라보면 나도 대한민국 국민이고 북한의 위협이 아직 사라지지 않은 남녘땅 공동체의 한 사람인 이상, 마땅히 커다란 관련이 있을 것이다. 나라가 평화롭지 않다면 과연 나의 개인적 평화는 지극히 이기적인 조무래기 평화 아닐까? 이런 유치한 의문이 사실은 매우 진지한 의문으로 꼬리를 물었다.

국가 간의 국제 평화란 것도 궁극적으로 그 큰 평화의 틀 안에서 각자의 인간들이 작은 평화를 온전히 누리는 일로 귀착된다. 그러니 평화란 것에 크다 작다는 수준의 구분 자체가 과연 의미가 있을까 하는 생각이 든다.

내가 없으면 세상도 없는 것이고, 세상 사람들이 온통 행복해도 내가 행복하지 않다면 불행한 것인데, 나를 뺀 평화가 나에게 의미를 갖기는 어려울 것이다.

가령, 위독한 병으로 생사를 다투는 중환자에게 하노이 미북美北 정상회담은 중요한 일일까? 그 중환자 부모한테 황급히 달려가고 있는 자식에게 비핵화의 진전은 관심사가 될까? 또 나머지 온몸이 정상이라도 다리가 크게 부러져 움직일 수 없는 사람에게 세상의 정상화가 얼마나 위안이 될 수 있을까? 내가 나에게 던지는 질문은 당신에게도 예외 없이 유효할 것이다.

잘사는 나라는 어떤 나라일까? 그것은 국민 한 사람 한 사람이 자기가 처한 여건에 시달리지 않고 각자 자기가 꾸려가고 싶은 삶을 추구하는 나라일 것이다. 나 개인의 행복이 저마다 잘 모여야 행복한 공동체가 될 것이다.

그렇다면 행복이란 그리고 평화란, 우선 나부터 잘 이룬 뒤에 그것이 내 주변에 잘 나누어지고 퍼지는 것이 궁극적 완성의 모습일 것이다. 동네의 골칫덩이 말썽쟁이가 자기 스스로 평화로울 수 없고 또 그로 인해 온 동네가 시끄럽다면, 평화는 맨 먼저 기본단위인 개인부터 이루는 게 바람직할 것이다.

이제 자문자답의 결론은 얻어졌다. 나로서는 내가 끓인 모닝커피가 식기 전에 잘 맛보아야 하고, 구들방 식

기 전에 장작불을 잘 피워야 하고, 집안청소 잘 마치면
길고양이와 산새에게도 먹이를 나눠주면 좋을 것이다.

오래전 나의 허를 날카롭게 찌르고 나의 뒤통수를
사정없이 내리친 옛 가르침이 다시 떠오른다.

백년도 못 살면서 천년을 살 것처럼
욕심에 빠져 허우적거리는 나는 멍텅구리
온 곳도 갈 곳도 모르면서
교만과 자만에 빠진 나는 멍텅구리

가르침은 또 있다.

하늘을 보라!
어제 하늘과 오늘 하늘이 다르던가?

여보게, 식기 전에 자네 앞에 놓인
차나 한잔 잘 마시고 가게!

오늘은 햇살이 좋구나! 마당 빨랫줄에 널어 둔 수건
이 잘 마를 것 같아 나도 좋다.

154

미세먼지와 매화꽃

요즘 크게 상반된 두 가지 현상이 섬진강변을 온통 뒤덮고 있다. 하나는 '순수자연'이고 다른 하나는 인간들이 저지른 '인공재난'이다. 매화꽃 흐드러진 강변에 미세먼지가 안개처럼 자욱하다.

난생처음 보는 뭔가 찜찜한 섬진강 매화 풍경이었다. 만개한 매화꽃들은 여전히 아름다웠지만, 미세먼지는 그 아름다움을 온전히 맛보기 어렵게 만들었다.

전국 각지에서 매화 소풍객들이 모여들었지만 그 숫자는 때아닌 미세먼지 탓에 예전보다 훨씬 줄었다. 매화마을 상인들은 1년 중 가장 큰 대목에 종전처럼 큰 기대에 부풀었다. 하지만 지리산 모습까지 삼켜 버린 미세먼지 비상사태에 어색한 봄놀이처럼 보였다.

TV에서는 전국에 사상 최악의 초미세먼지 경보가 내려졌으며 제주도까지 예외 없는 심각한 수준이라고 톱뉴스로 보도했다. 강원도 철원에서 군용차와 트럭의 충돌로 군인들이 숨지고 부상하는 교통사고에, 긴급히 군용헬기 지원을 요청했지만 미세먼지로 시야가 나빠져 포기하는 일이 벌어졌다는 뉴스도 있었다.

미세먼지는 지리산과 섬진강의 봄을 처음으로 망치기 시작하면서 지역상인들의 걱정을 키우는 전혀 예상치 못한 경제적 타격을 입혔고, 전방에서 부상군인들의 긴급호송을 방해하는 안보문제로까지 이어졌다.

아아! 꽃이 만발했는데 오히려 미세먼지를 걷어갈 비바람이 불어 주기를 바라는 웃지 못할 아이러니가 나의 매화 소풍길에서 벌어진 것이다. 내가 시골로 귀향하기 훨씬 전부터 수십 년을 구경해왔던 지리산 춘 3월이 처음으로 이런 지경에 이르다니 ….

그래도 매화꽃 본답시고 일부러 나선 게 아쉬워서 꽃

풍경을 몇 컷 찍어서 서울의 가족들과 지인들에게 카톡으로 전송했다. 하지만, 돌아오는 길에 마음은 왠지 밝은 느낌이 아니었다.

하늘의 저주일까? 하늘이 인간에게 던지는 마지막 경고일까? 핵무기에는 그래도 운 좋은 생존자가 있을 법 하지만 미세먼지는 온 나라 온 국민들에게 모조리 극심한 피해를 입히고 있었다.

나는 어느 후배와 이야기를 나누다가, 이런 대기오염 사태가 앞으로 장기화된다면 다음 대통령은 미세먼지 대책을 가장 야무지게 실행할 사람을 뽑아야 하는 것 아니냐고 서글픈 농담을 했다. 우리가 슬픈 역사를 결코 잊어서 안 되듯이, 후손들에게 슬픈 자연유산을 물려줄 수 없다는 생각이 든다.

하늘 맑아지는 날 다시 매화꽃을 보러 올 생각으로 발걸음을 되돌려 돌아오는 찻길에서, 꼬부랑 할머니 한 분이 지팡이를 짚고 느릿느릿 힘겹게 꽃길 산책을 하는 모습이 눈에 들어왔다.

158

아마 저 할머니의 마음속에서는 두 가지 생각이 떠오르리라는 추측이 들었다. 하나는 활기찼던 젊은 시절에 대한 회상이고, 또 하나는 난생처음 보는 미세먼지 속 매화에 대한 당혹스러운 걱정 아닐까?

매화마을이 있는 광양을 벗어나 다시 구례 땅으로 들어설 때, 인적이 드문 강변 전망대 앞 주차공간에서 한 청년이 자그마한 이동식 커피숍 트럭을 세워 놓고 이제나저제나 길손을 기다리는 모습이 눈에 띄었다.

오가는 차량도 드문 장소에서 더구나 미세먼지 자욱한 궂은 날씨에 도대체 커피가 몇 잔이나 팔릴까 걱정되었다. 나라도 한잔 팔아 줘야겠다는 생각에 차를 멈추고 냉커피를 주문했다. 청년은 30대 중반쯤 돼 보였다.

청년의 새로운 시작에 미세먼지가 어려움을 더해 주고 있구나 생각하니 왠지 마음이 편치 않았다. 풋풋한 청년과 봄이 찾아온 섬진강은 잘 어울리는 듯했지만,

안개처럼 자욱한 미세먼지는 앞날의 불확실성을 암시하는 것 같아 내 마음을 무겁게 했다.

늦은 오후로 접어든 하늘에선 태양도 미세먼지에 가려 빛을 잃고 희미했다. 이제 머지않아 산수유꽃과 벚꽃 터질 텐데 올해 지리산 봄놀이는 괜찮을까?

산수유 마을 가까운 곳에서 거의 1년 동안 무척 공을 들여 커피숍을 새로 꾸민 나의 지인 고高 사장, 그리고 월급 썩 괜찮던 은행원 생활을 접고 고향의 늙으신 어머니와 함께 살 작정으로 서울에서 과감히 귀향한 바리스타 강姜 여사에게 제발 미세먼지가 우울한 골칫거리로 등장하지 않기를 바란다.

저무는 저녁 다시 구들방에 앉아 섬진강 시인 김용택의 〈봄날〉이라는 시 한 수로 먹먹함을 달래 본다.

나 찾다가 텃밭에 흙 묻은 호미만 있거든
예쁜 여자랑 손잡고 섬진강 봄물을 따라
매화꽃 보러 간 줄 알그라

지리산 초대

화개장터를 지나 쌍계사 쪽으로 한참 들어가는 벚꽃길 개천가에 자리 잡은 그 경치 좋은 민박식당의 주인부부는 나랑 친숙하다. 곰탕과 육개장 그리고 김치 맛이 일품이어서 가끔 속이 허전할 때 찾아가는 곳이지만, 오늘은 볼일이 있어 마음먹고 찾아갔다.

여행하기 좋은 계절에 지리산으로 나를 찾아오는 방문객들은 해마다 꽤 있지만, 머지않아 맞이할 두 사람은 나한테 매우 각별한 손님이라서 그 민박집에 미리 예약을 당부하러 간 것이었다.

이 손님 두 사람은 부부다. 그리고 남편은 나랑 올해로 무려 55년 인연을 이어가는 중학 시절 짝꿍이다. 남편도 부인도 둘 다 의사다. 두 사람 모두 작년에 사실상 은퇴했다. 물론 더 일할 수 있는 능력자들이지만, 친구 얘기로는 자기 아내의 용퇴와 개인병원 정리는 여생을 보다 알차게 보내라는 내 권유가 크게 작용했다고 한다. 그러니 이 부부의 이번 지리산 여행에 나는 자못 세심하게 관심을 기울여야 한다.

친구는 유명한 의사라서 지금까지도 일손을 완전히 놓지는 못한 처지다. 하지만 워낙 분주한 생활을 하는 터라 작년에 동창 여러 명이 지리산으로 여행 왔을 때도 사정상 자기만 빠진 것을 무척 아쉬워했다.

이 친구는 실력도 좋지만 성품도 무척 다정다감하고 발이 넓은 편이어서 특히 나의 병원 볼일이 있을 때마다 여러 모로 많은 도움을 주었다. 나는 그가 일하는 병원에 아무 용건이 없을 때에도 그냥 그를 보러 찾아간다. 멀리 도봉산 자락 그의 집 근처에서 그를 종종 만나곤 했다.

나이 들면서 우정이 더욱 깊어졌기에, 나는 그와 함

께 나의 지리산 생활과 우리의 인생에 관해 이야기를 나누는 일이 잦아졌다. 그는 여느 친구들과는 다르게 나의 이야기를 항상 경청했다. 그러면서 나에게 감사하다는 표현을 자주 했다. 우리는 이렇게 서로에게 유익한 영향을 주고받았다.

내가 어느 날 그에게 진지하게 말했다.

"지리산 같은 곳에 마음 편한 친구가 있는 사람도 흔치 않다네. 내가 아직 멀쩡할 때 나를 잘 써먹게. 잘 챙길 테니 자네 부부가 꼭 한 번 다녀가기를 바라네."

그리하여 이 친구부부는 이번에 지리산 여행을 오게 되었다. 금상첨화인 것은 부부 두 사람 모두 지리산 구경을 제대로 해본 적이 없어 사실상 첫 지리산행이라는 점, 그리고 둘 다 너무 바쁜 인생을 살다 보니 부부가 함께 국내여행을 한 경우도 드물었다는 점, 또한 여행 시기가 지리산 최고 절경 벚꽃 개화기라는 점이다.

이런 두 사람을 맞이하니 그 채비에 신경을 쓸 수밖에 없었다. 나는 즐거운 마음으로 그 민박식당을 예약하면서 주인부부한테 미리 각별히 당부하는 일도 잊지 않았다. 창밖으로 멋진 벚꽃 경치가 내다보이고 방바닥 뜨끈한 1층 그 구들방을 꼭 내놓으라고.

사실은 그 방은 평소 숙박객들이 별로 없을 때, 주인부부가 즐겨 애용하는 방이었다. 마음씨 좋은 주인부부는 흔쾌히 수락했다. 나는 곧바로 친구에게 카톡 메시지를 띄웠다. '만사 오케이'라고.

친구는 무척 기뻐했다. 그리고 감사하다는 말을 또 했다. 덧붙이기를, "이번 여행은 왠지 학창시절 소풍 기다리는 학생처럼 무척 설렌다"고 했다. 그 말을 듣는 나도 기분이 좋아졌다.

이제 머지않아 그 친구부부가 올 것이다. 나는 그 친구가 서둘러 예약한 기차시간을 메모지에 적어 나의 노트북 덮개에 아예 붙여 놓았다. 친구가 그의 아내랑 기차역에 도착하는 순간은 아마도 그의 생애에 최고의 순간 중 하나가 되리라.

남을 행복하게 하면 나에게도 행복 바이러스가 옮겨
질 것이다. 지금 내 머릿속에서는 벌써 친구부부를 안
내할 멋진 명소와 맛집들이 줄줄이 떠오른다.

'친구야 나도 고맙다! 기분 좋은 일을 만들어 줘서.'

옷깃만 스쳐도 인연이라는데 55년 세월을 함께 지낸
어린 시절의 추억을 간직한 두 소년이 곧 시골 기차역에
서 다시 반갑게 만날 것이다. 지나온 세월 동안 나의 인
생길을 다듬어 준 그 알 수 없는 손길에 가슴 깊이 감사
함을 느낀다.

오늘 저녁식사는 아까 읍내 마트에서 챙겨온 쇠고기
무국으로 먹어 볼 참이다. 어둠이 내린 마을은 다시 고
요하다.

평택으로 간 여수 청어

다슬기 맛집의 명물 반찬인 그 청어는 여수 먼바다에서 잡아 올린 것이라고 했다. 청어잡이 어부와 계약을 맺고 해마다 가급적 많은 물량을 확보해 그 식당만의 특별 반찬으로 내놓거나 포장해 팔기도 한다.

이 반찬은 실제로 다른 곳에선 맛보기 어렵다. 더욱이 달콤맵싸한 감칠맛이 일품이다. 괄괄하면서도 인정 많은 그 식당 여주인의 손맛이 잘 배어 있는 청어무침이야기다.

당신에게 꺼낸 이 이야기는 이곳 지리산에서 멀리 서울까지 그리고 경기도 평택까지 연결되어 있다.

나는 작년 여름에 그동안 10년 다 되도록 실컷 부려먹었던 나의 길벗 자동차를 개인 통산 마일리지가 무려 50만km에 육박해 마침내 처분하고 새 차를 마련했다. 지리산 생활에서 자동차라는 물건은 매우 긴요한 이동 수단이라서, 나는 차에 기름이 가득 차 있고 부뚜막에 장작이 잘 쌓여 있으면 더 이상 바랄 게 없이 배부르다.

그런데 나의 이런 소중한 자동차를 단 한 번의 고장도 없이 처음부터 꾸준히 잘 정비해 준 무척 고마운 정비사들이 서울에 있다. 서울에 가끔 올라가면 나는 그 정비업소에 들러 차를 점검하곤 한다. 그러다 보니 그곳 사람들과도 자연스럽게 친해졌다.

그중 두 사람의 정비사는 혼자 자취하며 살아가는 총각들이다. 어느 날 이들을 만났을 때, 나는 평소의 고마움에 대한 마음 표시로 지리산 청어무침 이야기를 꺼냈다. 맛있는 반찬거리가 있는데 다음번에 챙겨줄 테니 한번 맛보라고 미리 약속한 것이다.

　이런 연고로 나는 약속을 기억해 두었다가 그 맛집을 찾아가서 청어무침 두 통을 샀다. 상경하던 그날은 마침 휴일이었다. 생각해 보니 정비업소에 가 보았자 그 총각 정비사들은 휴무라서 없을 게 뻔했다.

　마침 그 정비사 중 한 친구가 평택에 산다는 얘기를 들었던 기억이 떠올랐다. 내가 상경길에 언제나 평택을 거치니까 아예 그 친구 거주지로 가서 직접 전해주는 것도 좋을 것 같았다. 나는 공주 휴게소에서 평택 사는 그 선임 정비사한테 전화를 걸었다.

　그 친구는 마침 집에 있었다. 나는 잠시 후 평택을 지날 때 잠깐 보자고 했고 그 친구는 반가운 기색으로 만날 장소를 일러주었다. 약속한 대로 나는 그 친구 집 근처 대형마트 앞으로 정확히 시간을 맞추어 갔다. 그가 곧 나타났다.

　"아이고! 여기까지 오시다니! 이거 커피인데요, 가시면서 드시면 어떨까 해서요. 커피 좋아하시잖아요."

170

그는 막 챙겨온 커피를 내밀었다.

"자! 약속한 청어무침일세. 두 통을 샀는데 한 통은 자네가 먹고 다른 한 통은 내일 출근하거든 후배한테 잘 전해주게. 자네가 내 차를 항상 잘 정비해 준 덕분에 이렇게 탈 없이 잘 다닌다네. 늘 고마우이."

나는 곧 그 자리를 떴다. 청어무침을 전해주고 나니 마음이 후련하고 가벼웠다. 착하고 친절한 그 정비사들이 그들의 젊은 날을 잘 살아가길 마음속으로 기원했다.

그런데 그 순간 평택 그곳에서 갑자기 수십 년 전 까마득히 오래된 옛 기억이 어떻게 되살아난 것일까. 참으로 신기한 기억세포의 재생이었다. 놀랍게도 그 정비사가 사는 동네는 내가 중학생 시절에 친했던 같은 반 평택친구가 살았던 바로 그 동네와 사실상 같은 곳이라는 기억이 불쑥 되살아났다.

어릴 적 그 친구의 집에 나는 몇 번 놀러간 적이 있었다. 미군기지가 있었고 갈 때마다 미군들이 많이 보였다. 기억이란 것은 정말 묘하다. 한 기억이 또 다른 기억을 불러낸다. 그 당시 크게 유행했던 CCR이라는 미국 보컬밴드가 부르는 〈모리나〉Molina라는 거친 음색의 소란스러운 노랫가락이 귓전에 재생되었다. 그때 친구집에 왔던 어느 흑인 미군병사가 라디오를 크게 틀어 그 노래를 흥얼거리며 듣던 순간들이 주마등처럼 스쳤다.

친구의 아버지는 한의사였고, 어머니는 하숙을 치며 사셨다. 어린 내가 무릎이 심하게 쑤신다고 하소연하는 얘기를 듣고, 친구 아버지가 당시에 보기 드물었던 고주파 치료장비로 나의 무릎 통증을 감쪽같이 가라앉혀 준 기억까지 났다.

약 50여 년 전 친구 아버지가 나에게 베푼 호의에 대한 기억이 남아 있는 바로 그 장소에서, 이번에는 정비사의 호의가 지리산 청어무침을 그곳 평택까지 끌어당기다니!

인생을 살아가면서 겪게 되는 인연의 알 수 없는 작용
과 순환은 이렇게 때로 나를 놀라게 하고 감탄하게 한
다. 나에겐 이런 일들이 그저 대수롭지 않게 비쳐지지
않는다. 진짜 대수롭다. 묘하다. 참으로 알 수 없다.
그러나 그것들은 분명하게 포착되고 느껴진다.
 옛 인도 성자의 가르침에 이런 표현이 있다.

 옹호성중擁護聖衆 만허공滿虛空
 우보익생雨寶益生 만허공滿虛空

 허공은 우리 눈에 텅 비어 아무것도 없는 듯 보이지만,
 그 안에는 우리를 감싸고 돌보며 유익함을 주는
 보이지 않는 손길들이 가득하다.

 여수 먼바다 청어가 뭍에 올라 세상을 돌아다니면서
벌이는 일들이 기막히다.

산수유 북카페

길가에 산수유들이 매화 뒤를 이어 마침내 꽃망울을 터뜨리기 시작했다. 눈에 보이게 다가온 봄기운도 쐴 겸 산수유 마을의 개화가 어느 정도 진행되었는지 궁금해 거처를 나섰다.

마을 아래쪽 장터에는 며칠 앞둔 산수유 축제를 알리는 현수막이 내걸려 있었고, 곳곳에 천막들이 세워져 부산하게 준비하고 있었다. 겨울 내내 가 보지 않았던 산자락 위쪽 마을 풍경을 보고 싶은 마음에 차를 몰고 올라갔다.

이곳은 1년 중 산수유 개화철이 가장 큰 대목이라서, 꽤 오래전부터 단장한 모습이 여기저기 눈에 띄었다.

차량 통행이 번잡할 것에 대비해 길가에 새로 주차장이 마련되었고, 맨 위쪽 정자 부근 주차장 구석에 새로 들어선 건물이 눈에 띄었다.

자세히 보니 '북카페'라고 쓰여 있었다. 시골에도 이제 카페는 흔해졌지만, 커피 한잔 마시면서 독서도 할 수 있는 북카페는 아직 드문 편이다. 나는 반가운 마음에 그 내부를 구경해 보려고 안으로 들어갔다.

그런데 여기서 또 반가운 인연을 맞닥뜨릴 줄이야. 바리스타로 보이는 웬 아주머니가 있기에 쳐다보는 순간, 어디서 많이 본 듯한 얼굴이었다. 잠깐 기억을 더듬으니 생각이 났다.

'아, 맞다! 캄보디아에서 시집왔던 그 이장댁 며느리로구나!'

그 아주머니는 나를 몰라봤지만, 내가 반가움을 나타내며 기억을 되살려 주자 금방 기억이 돌아왔는지 함께 반가워했다. 젖먹이 꼬마남매들은 많이 컸겠다고 안부를 묻자 이제 초등학교 5학년, 3학년이라고 했다.

나는 그녀의 시부모가 잘 지내시느냐고 인사를 건네면서도 정작 그녀의 남편은 언급하지 않았다. 내가 이미 그녀 남편의 불행한 소식을 오래전에 들어 알고 있었기 때문이었다. 그녀 남편은 나랑 성씨가 같은 먼 친척뻘이었는데 몇 해 전 교통사고로 그만 세상을 떠났기 때문이었다.

하지만 세월이 약인 듯 그 아주머니의 표정은 어두워 보이지 않았고, 예전처럼 씩씩하고 싹싹하게 나를 대했다. 처음에 멀리 동남아시아에서 이곳 산골까지 시집왔을 당시에는, 한국말이 무척 서투른데도 용감하게 시댁 앞 골목에 좌판을 펴놓고 장사하던 기억이 떠올랐다.

천성이 착해 보이는 그녀는 이제는 한국말도 능숙해졌다. 그만큼 세월과 낯선 이국땅 환경에 잘 순응해온 것이 느껴졌다. 나는 방금 전 저 아래 커피숍에서 이미 커피 한잔을 테이크아웃한 터라, 차 안에 커피가 있으면서도 그녀가 새로운 일자리를 얻은 것에 대한 축하의 마음으로 또 커피 한잔을 주문했다.

우리가 잠시 반갑게 이야기를 나누는 사이에 그녀의 상급자로 보이는 다른 아주머니가 다가왔다. 물어보니 이 마을에 살고 있었다. 나는 이 마을과 인연이 오래되었으며 그냥 지나가는 외지 손님이 아니라 산 너머에 살고 있다고 간략히 자기소개를 해서 그 상급자의 경계심을 풀어주었다.

이곳 5개 마을이 군청의 지원을 받아 공동으로 운영하는 시범 북카페라는 사실도 그 상급자를 통해 알게 되었다. 그 사이 손님들이 하나둘 들어서기에 나는 그만 물러나야 했다. 물러나면서 나는 그 상급자한테 캄보디아 그 아주머니랑 사이좋게 잘 일하기를 바란다는 당부를 덧붙였다.

시골에 북카페가 생긴 것도, 그곳에서 일하는 사람과 좋은 인연인 것도 흐뭇한 일이었다. 다시 산 아래쪽으로 내려오다 보니 호떡 파는 천막이 눈에 들어왔다. 군것질 생각으로 차에서 내려 호떡을 사는데 이 아주머니 역시 동남아 사람이었다. 한국말을 거의 할 줄 몰랐다.

호떡 파는 아주머니와 나는 낯선 관계였지만, 이 아주머니도 한국생활에 잘 적응해가기를 바라는 기원을 마음속으로 해주었다.

이날은 미세먼지 상태가 훨씬 나아져 있었다. 종전에는 먼지에 가려 보이지 않았던 산봉우리와 능선들이 그런대로 시야에 잡혔다. 나에게 무슨 중뿔난 일이 없듯이 이곳 지리산의 새봄맞이 또한 별다른 궂은일 없이 잘 넘어가기를 바라는 마음이다.

여수 먼바다 청어처럼 오늘도 알 수 없는 인연이 돌아가고 있다.

외로움 정면돌파

외로움을 느끼는 사람들이 상당히 많다는 소식이 마침내 TV 뉴스에까지 등장했다. 10명 중 4명이 심한 외로움을 느끼며 살아가고 있다고 한다.

이와는 반대로, 사람들과의 관계가 너무 피곤해서 오히려 관계를 벗어나려는 이른바 '관계 권태기'에 빠진 경우가 10명 중 7명쯤 된다는 설문조사 결과도 있다.

그렇다면 어쩔 수 없이 외로움에 계속 몸부림치며 살아야 하는 것일까? 아니면 싫어도 관계를 떠나지 못하며 살아야 하는 것일까? 이러자니 외로움에 울고, 저러자니 관계에 시달린다.

도시의 수많은 인간관계를 스스로 벗어던지고 자발

적으로 산골 구들방에서 홀로 지내는 나는, '외로움'과 '관계'에 대해 내 나름대로 한마디 목소리를 낼 만하다.

나의 경우, 이 두 갈래의 삶의 모습에 대해 일찌감치 '낌새와 실마리'를 알아차린 편이다. 방송인이란 직업의 특성상 날마다 수많은 사람들과의 관계 속에서 살았다. 그 와중에도 주말이면 틈틈이 혼자 배낭을 메고 지리산 깊은 산속을 찾아갔다. 그 세월이 30년이었다.

관계가 끊임없이 파도치는 바다에서 나는 줄곧 무인도를 꿈꾸었다. 그리고 깊은 산속에 홀로 놓여, 도시와 사람들 틈바구니에서 허우적거리는 나의 모습을 한참 동안 물끄러미 바라보곤 했다.

나의 겉모양은 그럴 듯한 '관계' 위에서 매끄럽게 잘 굴러갔지만, 나의 내면은 내가 진짜로 원하는 삶이 무엇인지 쉼 없이 탐색하고 있었다.

그러다가 언제부턴가 나는 깨닫게 되었다. 우선 나는 내가 살아오면서 경험한 과거형의 모든 축적물들과 그리고 내가 어느새 고정된 틀에 갇혀 쇠말뚝처럼 박아

놓은 모든 생각과 관념, 가치관 같은 것들을 마치 포클레인이 낡은 집을 부수듯 하나도 남김없이 몽땅 내다 버리는 '내면 철거'에 착수했다.

그 철거작업은 복잡하고 번잡한 온갖 살림살이를 정돈하는 수준이 아니었다. 번잡함이 가득 들어찬 나의 내면의 기존 건축물 자체를 원천적으로 아예 몽땅 제거하는 완전한 재개발이었다.

그랬더니 모두 사라지고 오로지 '맨땅과 맨흙'이 드러났다. 나는 그 상태에서 더 이상 새로 집을 짓거나 새로 씨앗을 뿌리는 어리석음을 되풀이하지 않으려고 애썼다. 그 '텅 빈 상태'가 좋았다. 그렇다고 해서 나는 지금 당신에게 '허무'를 이야기하는 게 아니다. 오해 없길 바란다.

나는 30년 넘게 지리산에 배낭을 짊어지고 다녔지만, 배낭 속 짐을 덜어내는 방법에만 익숙했다. 아예 배낭 자체를 없애 버리고 벗어던지는 맨몸 상태가 가능함을 자각하지 못하고 있었다.

이렇게 나의 내면을 완전 해체하는 과정을 거치고 난 이후, 또 하나의 만만치 않은 자기의문에 휩싸였다. 그 질문은 두 가닥으로 압축되었다.

질문 하나, 내가 무엇을 원하는지 똑바로 알려면 원하는 '내 안의 그자'가 누구인지부터 알아야 한다. 도대체 나는 무엇이고 누구일까?

질문 둘, 이제부터 나는 '어디'로 향하는 것일까? 나의 도착지점은 과연 어디일까? 도대체 나에게 목적지라는 게 있기는 한 것일까?

날마다 산자락 구들방에서 혼자 잠들고 혼자 깨어나 하루하루를 살아간다. 이런 나에게 방금 얘기한 두 가닥의 질문은 여전히 유효하다. 나는 아직 완전한 답을 얻지 못했다. 그러나 그 질문 또한 버리지 않았다.

내 안의 영혼을 해결하지 못한 채 언젠가 흙이 되어 사라질 나의 몸뚱이만 붙들고 있기에는 나에게 그리 긴 시간이 남아 있지 않다. 물론 나는 날마다 이 몸뚱이를 이용해 장작을 패고 아궁이에 불을 지핀다.

하지만 장작을 패고 있는 내 안의 이 존재는 무엇일까? 누가 장작을 이처럼 익숙한 몸놀림으로 잘 패고 있는 것일까? 구들방에 누워 몸뚱이의 따스함을 즐거워하는 이 사람은 누구일까?

'외로움'과 '관계'는 당신이 걸친 겉옷이다. 당신과 나는 외로워하는 '그자'에 대해서, 그리고 관계에 허우적거리는 '그자'에 대해서 스스로 알 필요가 있다. 왜냐하면 그것은 모든 것의 첫 단추이기 때문이다.

내가 그랬듯이 당신도 수많은 헛걸음을 되풀이할 수 있다. 하지만 헛걸음을 통해 바른 걸음을 찾게 될 것이다. 넘어진 곳이 아니면 일어날 곳이 없다. 당신과 나에게 오로지 주어진 것은 '지금과 여기'뿐이다.

당신과 나는 오직 지금 여기 이 순간에서 행복하거나 불행해야 한다. 달리 당신과 내가 놓일 곳은 없다. 당신과 나는 어느 날 그동안 편히 쉬었던 들숨과 날숨 중 어느 하나가 멈추면 세상에서 사라져야 한다.

90살에 자궁암 말기 진단을 받은 미국 할머니 '노마 바우어슈미트'는 그 이틀 뒤 남편까지 저세상에 보내고, 병실에서 자기 인생을 마치고 싶지 않았다. 노마 할머니는 아들부부와 캠핑카를 타고 미 대륙 횡단 여행길에 나섰다.

그녀는 13개월에 걸쳐서 32개 주 75개 도시를 돌면서 2만 1,000㎞를 달렸다. 그러다가 워싱턴 주 프라이데이 하버에 이르러, 아들 부부가 지켜보는 가운데 그동안 그녀를 태우고 다녔던 캠핑카 안에서 눈을 감았다.

노마 할머니는 여행하는 동안 "사는 게 이렇게 재미있을 줄은 몰랐다"고 아들에게 기쁨을 전했다. 그 아들은 "어머니가 이렇게 많이 웃는 모습은 처음 봤다"고 함께 행복해했다.

미국 노인 노마는 자신이 가장 원하는 게 무엇인지 뒤늦게 깨달았을 것이다. 그리고 그녀 자신이 누구인지도 알게 되었을 것이다. 노마는 지금쯤 어디에 있을까?

박물관에서

내가 어쩌다가 거기에 갈 생각을 했을까. 나도 모른다. 그냥 불쑥 그런 생각이 들어서였다. 잠깐 볼일이 있어 서울에 올라온 김에 한나절의 틈새가 있었다. 친구들에게 번개만남을 타진했지만 각자 사정이 여의치 않았다. 그렇다고 무작정 아파트에 처박혀 무의미한 시간을 보내기엔 왠지 모처럼의 서울행이 아까웠다.

지하철을 타고 내가 내린 곳은 국립중앙박물관 역이었다. 박물관 마당에 들어설 때까지도 나는 그곳이 내게 무척 애틋한 사연이 얽힌 장소라는 생각을 미처 떠올리지 못했다. 그러다 호숫가 저편의 그 레스토랑이 눈에 들어오는 순간, 갑자기 오래전 기억들이 되살아난 것이다.

젊은 시절 나의 직장후배였던 J의 1주기 추모회를 겸한 책 출간 기념행사가 여러 해 전에 바로 저 레스토랑에서 있었다. 후배 J는 아직 아까운 50대에 세상을 떠났다. 나는 J의 투병 말년에 가끔 서울에 올라오면 분당 그의 집 근처로 찾아가 말벗마저 별로 없었던 그의 말벗이 되어 주곤 했었다.

생전에 무척 내성적이고 말수가 적은 편이던 J는 자기의 마감이 다가오는 것을 굳이 입 밖으로 드러내진 않았다. 하지만 나와 대화를 나누다가 눈에 맺히는 그렁그렁한 눈물에서 나는 J의 끄트머리를 짐작하고 있었다.

그러던 어느 겨울 J는 내가 지내는 지리산에 꼭 한 번 가 보고 싶다고 마음속을 털어놓았고, 나는 흔쾌히 그의 가까운 친구랑 두 사람을 태우고 지리산에 내려가 벽소령 아래 하동 화개 맨 끝 의신골 민박집에 묵도록 안내했다.

내려갈 때 이미 J의 몸 상태는 안 좋아 보였다. 민박집 이튿날 나는 아침 일찍 맑은 공기를 쐬게 해주려고 함께 산보를 나섰다. 예상 밖으로 J는 불과 몇 걸음도 못 가서 털썩 주저앉으며 도저히 안 되겠다고 안쓰러운 표정을 지었다. 우리는 그길로 곧바로 서둘러 상경했다.

그로부터 얼마 지나지 않아 나는 J의 부음을 들었다. 다시 1년의 시간이 흐른 어느 날, 나는 J의 가족으로부터 한 통의 전화를 받았다. 가족이 전하는 내용에는 이전까지 내가 전혀 짐작조차 할 수 없었던 가슴 미어지는 사연이 담겨 있었다.

J의 장례식 직후 그 가족이 고인의 유품들을 정리하는데, 고인이 읽었던 여러 권의 책갈피에서 메모지들이 발견되었고, 여기저기 메모지마다 나의 이름이 적혀 있더라는 것이다. 그래서 가족은 고인의 말년에 선배인 내가 무척 소중한 말벗이었다는 사실을 뒤늦게 알았다고 했다. 그런 만큼 고인의 1주기 추모를 겸한 책 출간 기념행사에 꼭 참석해 주길 바란다고 당부했다.

그 행사는 조촐했다. 나는 그 자리를 통해 J가 박물관 관람을 무척 좋아했으며, 국립중앙박물관을 평소에 워낙 자주 드나들어 거의 학예사 수준의 전문적 식견을 갖추었다는 사실을 알게 되었다.

그 추모식에서 내가 선물로 받은 J의 책 제목은 《옛사람의 향기가 나를 깨우다》였다. 나는 그 책을 단숨에 읽어 내려갔다. 그 책 마지막에는 나랑 지리산 여행을 갔던 이야기도 실려 있었다. J의 글마다 정말로 잔잔하고 깊은 인간의 향기가 배어났다.

J의 책은 지금 지리산 구들방 나의 작은 서가에 여전히 꽂혀 있다. 내가 이곳 지리산에서 썼던 세 권의 책 가운데 맨 첫 번째 책 《지리산이 나를 깨웠다》 바로 옆에. J를 깨운 것은 옛사람의 향기였고, 나를 깨운 것은 지리산이었다. J와 나는 '사람과 산'에서 마음과 가슴이 깨어났다. 그리고 이 사연이 얽힌 그 박물관에서 나의 기억들이 다시 깨어났다.

나는 박물관 앞마당 호숫가 벤치에서 한참을 물끄러

미 앉아 있었다. 옛사람이 된 후배 J의 향기가 내 마음 속 깊은 곳에 스며들어 나를 살포시 감싸고 있었다.

이윽고 나는 박물관을 나섰다. 이제 어디로 가야 할까. 다시 지하철을 타고 무작정 남대문시장 근처에서 내렸다. 시장 골목골목을 정처 없이 어슬렁거렸다. 그러다 길 건너 명동으로 발걸음을 옮겼다. 추억이 서린 명동 진고개를 지나고, 명동성당 근처에서 이번엔 다시 세운상가와 종로 3가 쪽으로 한참 터벅터벅 걸었다.

우연이었을까, 걷는 동안에 몇 년 만에 일본에 사는 옛 친구한테서 카톡 메시지가 떴다. 동영상이었다. 열어 보니 서울 병석에 계시는 자기 어머니 모습을 찍은 동영상이었다. 친구 어머니는 고령의 환자였지만 환하게 웃으셨다. 잠시 후 이번엔 친구의 보이스톡이 떴다. 친구의 울먹이는 듯한 음성이 들렸다.

"오랜만이야. 잘 지내지? 서울 가족이 보내준 어머

니 모습인데 돌아가시기 전에 꼭 귀국해 뵈어야 할 텐데 …. 그런데 어머니가 환하게 웃으시는 걸 보니 마음을 다 내려놓으셨나 봐. 다 내려놓은 사람은 얼굴이 참 깨끗하고 밝은 것 같아."

아까 그 박물관에서 내가 옛 후배 J의 기억을 불쑥 떠올렸는데, 이번엔 머지않아 옛사람이 되실 친구 어머니의 사연이 멀리 현해탄을 건너 나에게로 오다니 ….

나는 세운상가 골목 커피숍에서 커피 한잔을 사 들고 근처 아무데나 편한 곳에 풀썩 주저앉았다. 모든 것들이 뜬구름처럼 지나가는 게 느껴졌다. 그때 옛사람의 어느 글귀가 생각났다.

인생은 빼꼼히 열린 문틈 사이로 달리는 말이
순식간에 지나쳐 사라지는 것과 같다

인생은 홍로일점설 紅爐 一點雪이다
벌겋게 달아오른 화로에 눈 한 송이가 떨어져
순식간에 녹아 없어지는 것이다

인생은 새 한 마리가

이쪽 나뭇가지에서 저쪽 나뭇가지로

어느새 푸르릉 날아간 것이다

이날 저녁 나는 차를 몰아 밤늦게 지리산 거처에 돌아
왔다. 다시 장작불을 피운 구들방에서 아주 깊은 잠에 떨
어졌다.

아침에 소란한 새소리에 깨어나 평상에 나가 보니
물까치와 참새, 동박새가 화단에 날아들어 간밤에 내
다 버린 고구마 껍질을 부지런히 쪼아대고 있었다. 모
닝커피 한잔 끓여 마실 때, 바로 하루 전 일은 어디론가
사라졌다.

나는 평상심으로 돌아와 구들방 앞 의자에 앉아 나뭇
가지 사이로 쏟아져 내리는 햇살을 받아 안으며 가늘고
긴 숨을 들이마시고 내쉬었다. 서울 그 박물관에 갔던 내
가 지금 이 순간 또 산자락에 놓여 있다.

조르주 페렉의 힌트

대다수 세상 사람들이 분주하게 움직이고 있을 아침 시간에, 나는 오늘도 딱히 할 일 없는 사람답게 구들방 이부자리에서 잠시 빈둥거리다가 일어났다. 일단 먹어야 살기에 인스턴트 무국에 누룽지를 투척해 끓인 뒤 김치를 반찬 삼아 요기했다.

식사 후에 신진대사의 낌새를 느껴 마당 한구석의 재래식 화장실에서 소량의 몸무게를 줄였다. 그리고 커피를 끓였다. 오래된 구식 CD 플레이어의 라디오를 켜고 클래식이 흘러나오게 놔두었다.

이때 구들방 바깥 화단의 낮은 담을 넘어 나의 단골 손님 길고양이가 나타났다. 이 녀석의 배가 요즘 두툼하게 볼록해진 걸 보니 새끼를 밴 모양이다. 나는 고양이 사료를 한 컵 채워서 이 녀석 전용으로 마당에 놓아둔 플라스틱 그릇에 부어 주었다. 고양이 녀석은 낮은 포복으로 성큼성큼 기어가더니 맛있게 배를 채운 뒤 다시 사뿐히 담장 너머로 사라졌다.

새들도 아까 화단에서 과일 껍질과 고구마 껍질을 쪼아 먹은 뒤 자기들의 하늘로 날아갔다. 나도 고양이도 새들도 이제 각자의 아침식사를 마쳤으니 각자 알아서 또 하루를 지내게 될 테지.

이제부터는 오로지 내가 문제다. 나는 오늘 무엇을 해야 하지? 그런데 꼭 무엇을 해야만 하는 것일까? 뭔가를 하지 않고 그냥 멀건 국물처럼 하루를 맹탕으로 보낼 순 없겠지. 일단 책상 앞에 앉았다. 노트북 전원을 켰다. 그리고 지금 이 글을 써 내려간다.

조르주 페렉이라는 프랑스 사나이가 《인생 사용법》이라는 그의 책에서 당신과 나에게 던지는 지적과 질문은, 별다른 자기의문 없이 습관적으로 살아가는 대부분의 우리에게 뒤통수를 한 방 때리듯 사색의 실마리를 제공한다. 그는 삶을 퍼즐 맞추기에 비유한다.

퍼즐은 혼자 하는 놀이가 아니다. 퍼즐을 맞추는 사람이 하는 각각의 행위는 사실은 퍼즐을 제작한 사람이 이미 앞서서 만들어 놓은 장치다. 퍼즐을 맞추려고 하는 사람이 퍼즐을 손에 쥐고 이리저리 만지고 돌리면서 시험하는 각각의 조합과 각각의 모색, 각각의 직관, 각각의 희망, 각각의 절망은 이미 타인에 의해 결정되고 계산되고 연구된 것들이다.

인생이란 애당초 정해진 운명을 따라 흘러가는 것일까? 아니면 그때그때의 자기 선택과 의지에 따라 맞이

하는 결과물들의 축적일까? 윤회설이 한마디로 "동쪽으로 자란 나무 동쪽으로 쓰러진다"는 이치의 설법이라면, 그래도 의문은 남는다.

동쪽으로 길을 걸어간 사람은 그의 마음 선택과 의지가 동쪽을 취한 것이지만, 도대체 왜 그는 다른 사람의 서쪽과 다른 사람의 남쪽과 북쪽이 아닌 동쪽을 선택하게 되었을까? 그의 생각과 그의 마음이 그렇게 한 것이라면, 그 생각과 그 마음은 애당초 어디서 비롯된 걸까?

'애당초'라는 원천이 과연 어디고 무엇이기에 그렇게 된 것일까? 저 사람은 짬뽕을 먹겠다고 하는데 나는 왜 짜장면을 선택한 것일까? 당신은 당신의 식성이란 것이 '애당초' 어디서 비롯되어 그렇게 다양한 입맛으로 갈래를 치는지에 대해 궁금해 본 적이 있는가?

'애당초'라는 화두를 맞닥뜨리면 사람들은 크게 두 부류로 갈린다. 한 부류는 벽에 부딪혀 더 이상 생각을 진행할 수 없게 되는 사람들이다. 나머지 한 부류는 지금까지 자기 자신이 고정틀에 갇혀 미처 눈여겨보지 못한 것에 대한 자각이 일어나면서, 비록 아직 알 수는 없지만 의문에 수긍하면서 이를 버리지 않고 살아가는 사람들이다.

당신과 나는 '애당초' 어디서 왔을까. 이 물음에 집안 족보를 들추면 당신은 이조시대와 고려시대를 거슬러 올라간 뒤 다시 신라시대와 삼국시대를 거슬러 부족국가 시대까지 짚어가다가, 결국 단군신화 앞에서 망연자실하게 실마리를 잃어버리게 될 것이다.

아니면 호모에렉투스와 오스트랄로피테쿠스라는 원시조상을 만나든지, 또는 쥐라기 공원이나 까마득한 지구 탄생을 상상하다가, 결국 아담과 이브의 에덴공원이 과연 있었는지 없었는지 알 수 없게 된 끝에 이르러 밤하늘의 별들을 무심히 바라보게 될 것이다.

예부터 전해 내려오는 작자 미상의 실마리가 있다.

어디서 왔다가 어디로 가는지
온 곳도 갈 곳도 모르는 나는 멍텅구리!

당신과 나는 자기 자신이 과연 어디서 비롯된 존재인지 알지 못한 채, 그냥 태어났으니 살아간다. 그냥 삶이 주어졌으니 살아갈 뿐이다. 당신과 내가 세상에 태어났을 때 그것은 '애당초' 우리의 선택이 아니었다.

심지어 죽음마저도 당신과 나의 선택이 끼어들 여지는 털끝만큼도 없다. 당신과 내가 죽음에 대해 분명히 아는 사실은 이것뿐이다. 첫째, 반드시 죽게 된다. 둘째, 언제 죽을지 모른다. 셋째, 어떻게 죽을지 모른다.

결론적으로 당신과 나는 삶에 대해 '애당초' 아는 게 없다. 오직 모를 뿐이다. 그렇다면 무엇을 위해 어떻게 살아야 할까? 기껏해야 백년도 못 살면서 천년을 살 것처럼 허우적거리는 게 과연 바람직한 것일까.

원래부터 몸뚱이를 받아먹고 배설하고 이리저리 움직이다가, 결국 늙어서 몸이 제대로 작동하지 않고 끝내 콧구멍 숨이 멈춘다. 당신과 나는 흙이 되어 영혼 하나를 챙겨서 어디론가 사라지는 것이다.

　간밤에 나들이 갔다가 늦게 돌아와 대문 앞에 차를 세우고 들어서다가 문득 밤하늘을 쳐다보았다. 모처럼 맑은 하늘에 별들이 보석처럼 반짝였다. 나는 그 자리에 멈춰 서서 한참 동안 밤하늘을 바라보았다.

　당신과 내가 지금까지 나눈 인생 이야기들과 밤하늘에 대해 젊은 윤동주도 밤마다 하염없이 처연하게 헤집으며 파고들었을 것이다. 그러다가 윤동주는 알게 되었을 것이다. 그냥 '오늘밤에도 별이 바람에 스치운다'는 것을, 그저 애당초 그렇게 되어 있다는 것을 ….

　당신이 제아무리 잘났더라도 그리고 내가 제아무리 못났더라도 당신과 나는 그런 것들과는 상관없는 '어떤 존재'일 것이다. 당신과 나는 어쩌면 하늘이 써 놓은 대본에 따라 살아가는 그냥 하나의 프로그램일지도 모른다. 당신과 나의 탄생과 마감은 그 이전부터 진작에 계획되었을지 모른다. 우리는 속이 텅 빈 대나무 피리와 같이 그냥 연주되는 것일지 모른다.

부산 번개

왕복 440km를 달렸고 출발에서부터 당일치기로 다시 돌아올 때까지 사용한 시간은 14시간이었으니까, 유별난 역마살과 일단 결심하면 좌고우면하지 않는 직진형 성격이 유발한 마른하늘 번개 상봉이었다.

사실은 아침까지만 해도 섬진강 다리를 건너 산길을 따라 광양 백운산 계곡까지 한 바퀴 빙 돌아오는 봄맞이 드라이브를 할 참이었다. 하지만 마음속에 불쑥 떠오른 한 생각이 행선지를 완전히 엉뚱한 곳으로 바꾸어 버렸다. 며칠 전부터 부산에 잠시 내려와 있다는 친구가 문득 생각났기 때문이었다.

나와 중학교, 고등학교, 그리고 대학교까지 같은 학

교를 다녔던 그 친구는 철학을 전공한 인생답게 늘 어딘가 고독한 구석이 있었다. 이 친구가 며칠 전 이런 짧은 카톡 메시지를 보냈다.

"영희, 네가 있어서 덜 외롭고 항상 고맙다."

이 한마디가 나의 하루 행보를 전혀 계획하지 않았던 부산으로 향하게 만들었다.

우리는 부산 금정산 산자락 어느 소탈한 밥집 겸 카페에서 만나 두부김치와 파전 그리고 멸치국수로 늦점심을 같이 먹었다. 친구는 마음공부를 하는 부산의 어느 모임이 마음에 끌려 멀리 속초에서 가끔 내려와 여러 날 묵다가 가곤 한다며 나에게 그 공부방 얘기를 해주었다.

그러다가 이따 저녁에 공부모임이 있는데 아무런 격식 없이 편한 자리이니 가 볼 테냐고 나의 의사를 넌지시 물었다. 워낙 오랜 친구인 데다 그 친구의 인생길을 가까이서 지켜보며 지내온 터라, 그가 끈기 있고 흔쾌한 마음을 내어 동참한 모임이 어떤 곳인지 나도 호기심이 생겨 선뜻 오케이를 했다.

저녁까지 아직 시간이 좀 남아 있었다. 나는 장거리
운전의 피로도 풀 겸 해운대 쪽으로 가서 사우나를 하
면 어떻겠냐고 친구한테 제안해 그리로 갔다. 우리 둘
다 처음 가 보는 곳이었지만 잘 선택했다는 생각이 들
었다. 사우나탕 유리창 너머로 널찍한 해운대 앞바다
와 오륙도가 시원하게 펼쳐졌다.

따끈한 목욕물에 함께 몸을 담근 채 우리는 이런저런
이야기를 나누었다. 내가 한마디 했다.

"이 나이에 편한 친구랑 함께 소박하게 밥을 먹고 이
렇게 풍광 좋은 곳에서 함께 발가벗고 나란히 좋은 시
간을 보내니 더 바랄 게 없구나! 너랑 나랑은 전생에
복을 많이 지었나 보다."

이 친구와 나는 1966년에 처음 만났다. 되짚어 보니
54년이 흘렀다. 참 오래도록 함께 지냈고, 나이 들어
지금까지도 이렇게 편하고 거리낌 없이 인연이 지속되
고 있다는 사실에 저절로 감사한 마음이 들었다.

친구도 한마디 했다.

"이제 남은 인생길에서 내가 해야 할 일이 무엇이 남
았는지 생각해 봤는데, 아직 생존해 계신 부모님 두 분
을 막바지에 잘 보내드리는 것 말고는 더 이상 할 일이
없는 것 같아."

　　나의 지리산 인연은 수많은 것들을 '내려놓는' 과정
이었다. 이 친구의 마음창고도 그의 인생역정을 따라
이제는 단출하게 비워져간다는 것을 느꼈다. 우리는
둘 다 삶의 무게에 짓눌리지 않으며 살아가고 있다는
것에 공감했다. 둘 다 각자의 인생길에 감사함을 지니
고 있다는 것을 서로 확인했다.

　　저녁이 되어 나는 이 친구의 공부모임에 함께 갔다.
모임이 시작되기 전에 나는 친구에게, "선입견 없는 마
음으로 그 자리에 가서 흘러가는 상황을 보면서 끝까지
앉아 있을 수도 있다. 하지만 혹시 중간에 내가 살짝
자리를 벗어나더라도 갈 길이 먼 만큼 그러려니 해라"
고 귀띔해 주었지만, 결국 끝까지 자리를 함께했다.

　　참으로 공교롭게 모임을 주도하는 그 사람은, 여러

해 전에 내가 우연히 서점에 갔다가 눈에 띄어 읽게 된 마음공부에 관한 그 책을 쓴 저자였다. 여성인 그 저자는 본인이 수행자였다. 나는 그 책을 인상 깊게 읽었던 기억이 있다. 그 책의 제목은 《아줌마와 선禪》이었다. 그 참선 수행자는 '깊은 지점'에 도달했던 자기 자신의 경험을 모임 참석자들에게 들려주면서 아무런 대가 없이 그냥 도움 역할을 봉사하는 보기 드문 사람이었다.

모임이 끝난 직후 친구가 나를 그 수행자에게 잠깐 소개했을 때, 나는 그의 책을 오래전에 읽었던 인연을 이야기했고 그는 반가워했다.

나는 친구와 작별한 뒤 어둠이 내린 고속도로를 다시 달렸다. 부산·김해·창원·진주·사천·하동·광양을 거쳐 지리산 자락 구례 땅에 돌아온 시간은 자정을 막 넘어서고 있었다.

밤이 깊어가고 있었지만, 나는 다시 장작불을 피웠

다. 꽃샘추위에 구들방이 식어가기에 서둘러 방을 덥혔다. 나는 멀고도 기나긴 하루 여행을 마치고 이부자리에 누웠다. 새벽 1시가 다 되어가고 있었다.

칠칠하고 고요한 산자락 구들방에 홀로 누워 잠을 청할 때, 아까 부산에서 그 수행자가 했던 말이 떠올랐다.

"도道에 대해 아는 것이 많은 영재들은 진정한 도인이라 할 수 없는 사람들이고, 도에 대해 도무지 아는 것이 없는 바보들이야말로 진정한 도인이라고 할 수 있지요. 실제로 알면 알수록 오직 모를 뿐이라는 것만 달랑 남게 되어 더 이상 갈 곳도 없이 그 자리에 머무는 것입니다."

인도 성자의 가르침에 이런 안내가 있다.

머무는 바 없이 마음을 내라.
마음을 쓰되 머물지 말라.

그는 당신과 나에게 가장 현명한 마음 작동법을 깨우쳐 주었다.

사람의 마음이란 어디서 생겨나는 것일까. 저마다

다른 사람들의 마음이 비롯되는 곳은 저마다 같은 오직 한 곳이 아닐까. 가르침들은 그것을 가리켜 '자성'自性이라 부른다. 누구에게나 원래부터 늘 한순간도 떠나지 않고 있는 '그것'은 당신과 내가 어린아이였을 때부터 지금 이 순간까지 나이를 먹지 않은 채 그대로 머물고 있다. 그것의 다른 이름은 '존재의 연속성'이다.

깊은 잠에 떨어진 나는 아침이 되어 새소리에 다시 깨어났다.

꽃들은 다시 피었다

오늘 나는 자연과 생명의 기적을 다시 확인했다. 아까 점심 먹으러 갈 때까지도 섬진강 길을 따라 줄지어 서 있는 수많은 벚꽃나무 중에 듬성듬성 성미 급한 몇 그루만 꽃망울을 터뜨린 풍경을 보았다. 그런데 점심 먹고 돌아오는 같은 길에서 나무마다 빠짐없이 꽃들이 저마다 앞다투듯 그새 새하얀 얼굴을 내밀고 있었다. 마침내 벚꽃 개화가 시작된 것이다.

그것은 봄의 소리 없는 아우성이었다. 그리고 나한테는 1년 만에 다시 찾아온 신선한 충격이었다. 나는 새삼스런 설렘에 다시 휩싸였다. 그렇게 자연은 한마디 말도 없이 엄청난 말들을 쏟아내고 있었다.

꽃샘추위 속에서도 기어이 활짝 피어나는 꽃들을 위해 한바탕 비 내린 하늘 구름 사이로 햇살이 부드러운 커튼처럼 꽃들을 감싸 안았다. 아직 눈 덮인 산꼭대기와 강을 스치고 불어오는 바람도 꽃들을 깨우듯 어루만지고 있었다.

　　백사장 언덕의 다른 나무들에서도 세상에서 가장 깨끗한 연두색으로 예쁘게 화장한 새순들이 다함께 봄을 서두르고 있었다. 먼 길 달려온 길손들은 갓길에 차를 세우거나 싱그러운 나무 아래서 걷고 있었다. 봄은 슬그머니 주인공 자리를 넘보고 있었고, 인간들은 그 배경 속에서 저도 모르게 작은 소품이 되어 있었다.

　　이제 불과 며칠 뒤에는 저 벚꽃들이 천지사방을 온통 새하얗게 불지를 게 분명하다. 내 마음도 그 새하얀 융단폭격을 당할 채비를 해야 할 판국이 되었다.

　　마을 집에 돌아오니 돌담 너머로 이번엔 살구꽃들이 1년 만에 다시 귀한 얼굴을 내밀었다. 내가 심은 적 없는 수선화들도 노란 꽃봉오리를 피웠다. 가장 먼저 봄

소식을 알렸던 매화는 이제 자리를 내어주듯 움츠러들
고 있었다. 이렇게 내게로 다가온 새봄은 혼자 지내는
나를 차별하지 않고 행렬에 끼워 넣을 참이었다.

아까 낮에는 몇 해 만에 우연히 마주친 후배가 새 짝을
데리고 나타났다. 순창에서 빵을 만들면서 지내왔는데
지리산 가까이 새 보금자리를 마련할 작정이라고 했
다. 이곳에 아는 사람이 많지 않은 그 커플의 다소 불
안할 마음이 헤아려져 나는 즉석에서 지역사정에 밝은
지인을 다리 놓아 주었다.

　인연들도 봄바람을 타고 들썩이는지 이번에는 TV
앵커로 일하는 반가운 후배와 교신이 이뤄졌다. 그 후
배는 난데없이 오늘 뉴스 말미에 클로징 멘트로 나의
지리산 사진과 글을 소개하고 싶으니 그리 양해하라
고 했다.

　우연히 그 뉴스를 본 두 사람의 선배와 후배가 안부

를 전해왔다. 서로를 챙기는 마음의 끈이 아직 연결되어 있음에 내 가슴은 푸근해졌다.

　과거에 한세상 주름잡던 그 노老 선배는 요즘은 몸이 불편하다고 했다. 군더더기 없이 화끈하고 호쾌했던 그 양반은 전화기 너머로 그리움을 전했다. 서울에 오거든 꼭 연락하라는 당부였다. 내 가슴 깊은 곳을 찡한 전류 같은 것이 건드리고 지나감을 느꼈다.

　오늘 일상의 작은 별일은 또 있었다. 친숙한 지인이 키우는 개의 먹거리가 떨어졌는데 혹시 여분 있으면 내가 길고양이한테 먹이는 사료를 갖다달라는 부탁이었다. 나는 서울의 친절한 어느 후배가 보내온 두 포대의 사료 중에 아직 개봉하지 않은 새 포대를 직접 날라다 주었다.

　그리고 또 다른 소식이 있었다. 멀리 동해안에서 시를 쓰며 사는 후배가 다음 주에 울릉도를 가 볼 참이라고 알려왔다. 인연의 그물망을 타고서 하루가 이리저리 분주하게 지나갔다.

산자락 내 거처에 다시 어둠이 내렸다. 구들방 창밖으로 아스라이 내다보이는 고속도로에 이따금 자동차 불빛이 어른거린다. 장작불은 피웠지만 오늘밤엔 쌀쌀하다. 하지만 가슴은 따스하다.

　가슴 가슴들끼리 서로 온기가 번지는 작은 세계들이 곳곳에 야생화처럼 피어나면 참 좋겠다.

최고의 모습

시인이 울릉도로 떠나기 며칠 전에 그의 글 한토막이
나에게 전해졌다.

꽃이 꽃으로 태어나
꽃의 이름으로 살아가는 데야
무슨 자격이 필요하겠는가

사람이 사람으로 태어나
사람으로 살아가는 데는
왜 그리 많은 자격이 필요할까

꽃은 아무런 문제를 갖고 있지 않다. 문제가 많은 것은 언제나 사람이다. 사람이 항상 문제를 일으킨다. 사람만이 산더미 같은 문제들을 떠안고 산다. 그래서 사람은 꽃에서 자연에서 '문제없음'을 배워야 한다.

폭력을 휘두르는 술주정뱅이 아버지를 견디다 못한 어머니는 어린 두 남매를 데리고 집을 도망쳐 나온다. 경제적 능력이 부족한 어머니는 잡일을 하며 자식들을 제대로 돌볼 겨를 없이 고달픈 밑바닥 삶을 꾸려간다.

어린 딸 셰릴 스트레이드는 가슴 깊이 상처를 남긴 지독한 트라우마에 시달리며 막무가내로 살아왔다. 될 대로 되라 식의 하룻밤 섹스와 마약에 허우적거린다. 셰릴의 삶은 마침내 막장에 이르러 질식할 지경이다.

그녀는 아무런 의미를 찾을 수 없는 자신의 삶에 대한 최후의 돌파구를 마련하기 위해, 난생처음 홀로 배낭을 꾸려 미국 서부 태평양 연안의 멀고도 험한 트레

킹 종주에 나선다.

자기 자신을 되찾기 위한 이 처절한 고립무원의 길 위에서, 그녀는 어두운 과거와 깊이 팬 상처들을 정면으로 마주한다. 그러다가 그녀는 자식에게 무엇 하나 제대로 해준 게 없었던 어머니의 '한마디'를 떠올린다.

"사람에겐 누구나 나름대로 자기만의 '최고의 모습'이 있단다. 나는 나의 자식들이 각자 그 최고의 모습을 잘 찾아내기를 바란다."

수많은 고비를 겪은 그 종주길 끄트머리에서, 셰릴은 마침내 자신의 트라우마로부터 해방되어 마음의 자유와 평화를 얻게 된다. 영화 〈와일드〉wild의 줄거리다.

빈틈없이 불행하거나 빈틈없이 행복한 사람은 이 세상에 아무도 없다. 인생길은 불행 끝에 행복해지거나 행복하다가도 순식간에 불행해진다. 사람들은 틈틈이 불행하고 틈틈이 행복해진다. 인생길은 행복과 불행이

뒤섞인 합주곡이다. 인생길은 앞면에 불행이 그리고 뒷면에 행복이 새겨진 같은 동전의 양면이다. 행복과 불행은 두부 자르듯 쪼개질 수 없다.

행복이나 불행 같은 것들 자체를 아예 통째로 놓아 버린 사람들도 있다. 깊은 수행자들과 마침내 '인간 최고의 모습'에 도달한 성자聖者가 바로 그런 사람들이다. 그들은 삶이 지나는 길에 놓인 온갖 방해물과 심지어 아름다운 꽃에게도 홀라당 빠져들지 않고 초월해 있다. 불리불염不離不染, 즉 거기에 놓이되 물들지 않는다.

인생은 강물의 빠르고 거센 물살에 휩쓸려 내려가면서 강의 이쪽과 저쪽으로 안간힘을 다해 기어오르려는 발버둥과 몸부림에 지나지 않는 것일지 모른다.

슬기로운 사람은 경직된 몸과 마음의 '저항'을 내던져 버리고 그냥 강물이 흐르는 대로 순순히 내맡긴다. 그의 삶은 강의 끄트머리에서 천천히 흐르다가 마침내 모든 강의 이름을 버리고 그냥 이름 없는 물이 되어 드넓은 바다에 합류한다.

삶과 인생은 깊은 산속 옹달샘에서 한 움큼의 샘물이 솟아나와 실개천이 되고 강이 되었다가 마침내 바다가 되는 일이다. 이 세상 그 누구의 인생도 끝에 가서는 바다와 만난다. 바다는 크나큰 물이다.

그 바닷물은 수증기가 되어 구름으로 변하고 구름은 다시 비가 되고 눈이 되어 대지를 적시었다가 또 강물이 되어 다시 바다로 되돌아온다. 삶과 인생은 그 종점에서 끝장나는 게 아니다. 그것은 '순환'일 뿐이다. 꽃이 지는 것은 꽃의 끝장이 아니다. 다시 피기 위한 여정일 뿐이다.

이제 나는 알 수 없는 인연으로 만난 당신과 한참 동안 나누어온 이야기를 이쯤에서 접으려 한다. 나도 인생길에서 수많은 방해물들을 만났고, 한때 수없이 '저항'했다. 내 삶의 방향을 찾는 일도 결코 만만치 않았다.

그러다 나는 알게 되었다. 삶에 대한 '저항' 자체를 내려놓는 일이야말로 삶을 가장 삶답게 사는 일이라는 것을. 그리고 또 하나 깨달았다. 삶은 누구한테 보여주

기 위한 것이 아니라 깊은 산속 야생화처럼 누가 보든
안보든 누가 알든 모르든 저 혼자 피었다가 사라지는
일이란 것을.

　밤사이 섬진강변에 새하얀 벚꽃들이 또 어김없이 가
차 없이 차별 없이 흐드러지게 터져서 온 천지를 뒤덮었
다. 다른 봄꽃들도 줄지어 산과 대지를 수놓았다. 나는
오늘 하루를 다시 내 인생의 첫날이자 마지막날로 삼아
스스로 부끄럼 없이 스스로 알차게 지내야 한다.

당신이 그 이름을 알고 있을 배우 '하정우'는, 그가 쓴
책 《걷는 사람, 하정우》에서 이런 이야기를 꺼낸다.
걷기를 무척 좋아하고 걷는 행위를 삶의 중심축으로 깊
이 끌어들인 그는 서울에서 해남까지 걸었다.

　내 삶도 국토대장정처럼 길 끝에는 결국 아무것도 없을 것
　이다. 우리가 할 수 있는 일은 하루하루 좋은 사람들과 웃

고 떠들며 즐겁게 보내려고 노력하는 것뿐일 테다. 우리가 길 끝에서 발견하게 되는 것은 그리 대단한 것들이 아니었다. 오히려 조금은 피곤하고 지루하고 아픈 것들일지 모른다. 그러나 이 별것 아닌 순간과 기억들이 결국 우리를 만든다.

나는 나의 지리산 이야기 첫머리에서, 나의 하루 일상이 무척 하찮고 별것 아닌 것들로 이루어져 있다는 것을 당신에게 이미 털어놓으며 내 이야기를 시작했다.

나는 이 별것 아닌 것들이 사실은 삶의 보물들이라는 것을, 그것들이야말로 잔잔한 행복이라고 이름 붙일 만하다는 것을 확연하게 깨닫는 데 무려 30년이 걸렸다. 나를 우연히 만난 당신도 당신의 일상에 수두룩한 별것 아닌 것들을 다시 잘 챙겨 보기를 바란다.

나의 지리산 이야기에 마음을 열어 준 당신에게 깊은 감사를 표한다. 당신의 삶이 지리산처럼 우뚝하고, 섬진강처럼 유유자적하고, 햇살 가득 담은 강물의 은비늘처럼 반짝이기를 두 손 모아 기원한다.

구영회 具榮會

방송 CEO 출신 지리산 수필가. 고려대를 나왔고 '장한 고대 언론인상'을 받았으며, MBC 보도국장, 삼척MBC 사장, 한국신문방송편집인협회 부회장 등을 지냈다.

30대 중반 무렵부터 지리산을 수없이 드나들면서, 삶의 본질에 대한 '갈증'에 목말라하는 마음속 궤적을 따라 끊임없는 '자기타파'를 추구해왔다. 33년에 걸친 방송인 생활을 마친 뒤, 지금은 지리산 자락 허름한 구들방 거처에서 혼자 지내며 제2의 인생을 살아가고 있다.

그는 지리산에서 지금까지 《지리산이 나를 깨웠다》, 《힘든 날들은 벽이 아니라 문이다》, 《사라져 아름답다》, 《작은 것들의 행복》 등 네 권의 수필집을 펴냈다. 그의 글은 지리산처럼 간결하고 명징하다. 섬진강처럼 잔잔하고 아름답다. 뱀사골 계곡처럼 깊다. 그가 우리에게 두런두런 건네 붙이는 말투는, 지리산 밝은 달밤과 별밤에 숲에서 들리는 호랑지빠귀의 휘파람 소리처럼 마음 깊은 곳을 파고들며 깨운다.

힘든 날들은 벽이 아니라 문이다

미래가 불안한 청년들을 위한 지리산 세레나데

구영회 (전 삼척MBC 사장) 지음

지친 대한민국 청년들에게 바치는 지리산 희망가!

여보게 수고했네,
지리산에서 잠시 쉬며 인생을 다시 바라보는 것은 어떤가?

'스펙경쟁'이 판치고 '신분상승의 사다리'가 무너진 시대에 지친 대한
민국 청년들에게 힘을 주고자 쓰여진 이 책은 흔한 처세술, 무용담이
아니다. 그보다는 단 한 번뿐인 인생을 과연 어떻게 살아가는 것이 바
람직한지에 관한 소중한 지혜를 담고 있다. 저자는 한국의 대표적인
자연유산인 지리산의 아름다운 명소에 독자들을 초대하며 편안하게
인생 이야기를 풀어간다. 마음의 눈을 뜨면 새로운 세상이 보인다고,
그 세상에서 당신만의 길을 걸으며 모험을 즐기라고…

46판 · 양장본 | 248면 | 12,500원

나남 www.nanam.net | 031-955-4601

사라져 아름답다

은퇴할 사람들과 은퇴한 사람들에게 띄우는
세 번째 지리산 통신

구영회(전 삼척MBC 사장) 지음

'인생의 가을'에 떠나는 깨달음의 여행!

직장과 가정에서의 치열한 삶에 쉼표를 찍고 또 다른 시작을 준비하는 은퇴세대에게 전하는 용기와 위안의 메시지! 33년의 방송인 생활을 접고 자연 속에서 제2의 인생을 살아가는 저자는 자신이 새로운 삶을 살아갈 수 있도록 깨달음을 준 지리산으로 독자들을 초대한다. 강과 바다가 만나지는 지점으로 세상살이의 끄트머리를 암시하는 망덕 포구, 피고 지는 인생의 원리를 보여주는 섬진강변 벚꽃길, 묵묵히 자신의 길을 걸으며 번뇌를 다스리라고 다독여 주는 스님들…. 저자의 발길을 따라 지리산 곳곳을 거닐며 행복한 삶과 아름다운 마감의 비밀을 깨닫는다.

46판·양장본 | 264면 | 14,000원

나남 www.nanam.net | 031-955-4601